怪談標本箱
毒ノ華

戸神重明

竹書房
怪談
文庫

※本書に登場する人物名は、様々な事情を考慮してすべて仮名にしてあります。また、作中に登場する体験者の記憶と体験当時の世相を鑑み、極力当時の様相を再現するよう心がけています。現代においては若干耳慣れない言葉・表記が登場する場合がありますが、これらは差別・侮蔑を意図する考えに基づくものではありません。

まえがき

美しい怪談が書きたい。スタイリッシュな本を作りたい、と常に思っている。

とはいえ、単純に綺麗な話が好き、というわけではない。悪夢を見るほど怖い作品であっても、話の展開から、言葉選びや句読点を打つ間合い、改行にも徹底的に拘《こだわ》った、精密機械のような怪談には、怖さだけでなく、一種の美しさがあると思っている。

また、実話怪談といえども、聞いた話をそのまま書くわけではない。事実に基づき、読み物としていかに怖く、面白い作品に仕上げられるか、その見せ方にはさまざまな工夫を凝らして書いている。実話怪談だって、アートなのだ！

さて、本書の副題は『毒ノ華』である。

ボードレールの詩集『悪の華』や、高倉健さんの主演映画『冬の華』などに影響を受けて名づけたものだが、恐怖や謎の中にも、どこかに〈華〉が感じられる話をできるだけ選んでみた。そして〈華〉がある作品には、名作、傑作の類いが多いと思う。本書も現代怪談の名作、傑作と呼ばれることを目指しながら、執筆に臨んできた。

読者の皆様に御堪能いただければ、うれしい限りである。

目次

ある娘の死

Ｌ子さんから伺った話である。

かなり以前のこと、幹線道路で若い男性が運転する車が大事故を起こした。そこは見通しの良い直線で事故が起こりやすい場所ではないが、男性の車は猛スピードでガードレールを突き破り、河川敷の岩場に転落して大破した。

乗っていた四名は全員即死している。警察が原因を調べたところ、現場にはブレーキを掛けた痕跡がまったくなかった。ただし、男性の遺体からアルコールや違法薬物は検出されていない。

亡くなったのは同じ町に住む幼馴染みの若者二名、娘二名であった。

Ｌ子さんは娘の片割れ、Ｕさんと同じ職場で働いていて、仲が良かった。Ｌ子さんが葬儀に行くと、Ｕさんの母親からこんな話を聞かされたそうである。

Ｕさんは事故に遭う前日の夕方、

「有名な心霊スポットへ探検に行くの」

と、告げて家を出た。

母親は少し心配だったが、車を運転する男性をはじめ、同行する仲間たちのことを子供の頃から知っていたので、大丈夫だろう、と考えて送り出した。

ところが、日付が変わって、午前二時頃。

Uさんが、携帯電話から母親に電話をかけてきた。

そして――。


「追いかけてくるっ！」

「追いかけてくるっ！」

「追いかけてくるっ！」


と、ひどく怯えた、今にも泣き出しそうな声で何度も繰り返したあと、電話は切れた。

その直後、事故に遭ったらしい。


一体、何が追いかけてきたのだろう？

新犬鳴トンネル

ミュージシャンとして活動している男性、中村冬水さんは以前、福岡県に住んでいた。福岡県内では宮若市と糟屋郡久山町の境にある〈犬鳴峠〉が、怪異が目撃される場所としてよく知られている。何年も前のことになるが、あるとき、中村さんの友人が、

『〈新犬鳴トンネル〉の真ん中で、車のクラクションを鳴らすと霊が集まってくる。それだけでも危険だが、そのあとに〈旧犬鳴トンネル（現在は通行不可）〉へ行くと、霊を連れてゆくことになり、物凄い数の霊が見える。実際にやった人は、少しずつ性格が変わってゆき、外に出ることを嫌がるようになって、今では完全な引きこもりになった』

という話を聞いてきた。

ちなみに、新犬鳴トンネルは県道二十一号線にあるので、その中央部で車を停めれば、単なる交通事故や喧嘩に巻き込まれる可能性もある。それでも、根性試しと肝試しをまとめてやってみよう、ということになり、その夜、友人たちと車二台に分乗して出発した。

中村さんが乗った車には、彼を含めて男性四人が乗っている。彼は後部座席に座っていた。全員が犬鳴峠へ行くのは初めてではない。そこで道中、それぞれが過去に犬鳴峠で体

験した話や他者から聞いた噂話を語って、探検気分を盛り上げることになった。

まず車を運転していたCが、口を切った。

「クラクションさぁ、前にやったことあるんよね」

クラクションを鳴らす回数は三回と決まっている、それを以前にやったときは、車の下から手が出てきて足を掴まれたので、びっくりして逃げてきた、という。

(どうせ嘘やろうけど、盛り上がるようにしちゃろっかね)

中村さんは半信半疑ながらも、話を合わせることにした。

「それやったら、霊が覚えとんやないん? バリ《かなり》やべぇやん!」

さらに、中村さんの隣に座っていたBが憂鬱そうに顔を歪めた。

「俺、何だか気持ち悪くなってきた。頭痛ぇ」

中村さんは、やれやれ、お決まりのパターンが来たか、と冷笑を浮かべた。

いよいよ新犬鳴トンネルの入口までやってきた。中へと進み、前を行く友人たちの車が停車し、クラクションを三回鳴らしてから、トンネルを抜けてゆく。次はこの車の番であった。中央部と思われる場所で停車し、運転手のCがクラクションを鳴らす。

その直後に、助手席にいたAが急に泣き出した。

「子供の頃に小鳥飼っとってさ、そのピーちゃんが来た……」

というのである。しかし、まだ心に余裕があった中村さんは笑いながら、

「小鳥でピーちゃんて、そのまんまな名前やん」

突っ込みを入れたが、Aは答えず、涙を流しながら何やら話し始めた。中村さんの肉眼には見えないピーちゃんが目の前にいて、会話をしているらしい。

（いっつも勇っとうくせに何かっちゃ《普段は威張ってるくせに、何なんだよ》）

中村さんがAに対して意外に思っていると、今度はBが、

「ちっちぇ子供の霊が来よる！　でたんおるっちゃ《大勢いるぞ》！　窓叩いて触りよう！」

と、騒ぎ出す。

（こいつら、面倒臭え感じになっちょうやん）

中村さんは苦笑した。

そのとき、運転手のCとバックミラー越しに視線が合った。

「やべぇ！　俺も見えるけ！」

Cまでが悲鳴に近い声を発したので、中村さんも落ち着いてはいられなくなってきた。

「もう行こうや」

Cに声をかけたが、そこで後方から出し抜けに、ドンドンドンドン！　バンバンバン！

と車を叩く音が響いてきた。中村さんは慌てて振り向き、リアウインドウから外を見た。

公道なので、他の通行車とのトラブルが起きる可能性もあるのだ。

けれども、外には誰もいなかったし、何もなかった。

これにはさすがの中村さんも声を呑んだ。Cが急いでエンジンを掛け、車を発進させる。

同時にまた後ろから、ドン！　という音が聞こえてきた。

「うわあっ！」

全員が叫ぶ。聞こえていない者はいなかった。

しばらく走って、近くのコンビニへ辿り着くと、駐車場に車を駐《と》めて降り、その後部を確認した。リアウインドウからトランク、テールランプに至る一面に砂が付着している。

しかも、それは小さな人間の手の形をしていた。

四人とも呆然としてしまう。とはいえ、まずはコンビニで買い物でもして落ち着こう、ということになった。中村さんはペットボトルに入ったお茶と弁当を買い、弁当を温めてもらう間に「すみません。あの、タオルを貸してもらいたいんですけど、いいですか？」と店員に頼んでみた。

「大丈夫ですよ。サイズはどうしましょう？　何に使いますか？」

男性店員が快く応じてくれたので、中村さんは「いや、車の窓がちょっと汚れたんですけど……」とだけ説明してタオルを借りた。車に戻ると、

「じゃあ、俺の車やけ俺がやるわ」

Cがタオルを受け取って、砂の手形を拭き取り始めた。中村さんは車内で弁当を食べ始める。空気を入れ換えようと、ドアウインドウを開け放っていた。

「何《なん》かこの砂、変やね。キチッと付いとって全然取れんばい」

Cが苦笑しながら、車内にいる中村さんを覗き込む。

と、その顔から笑みが消え、表情が見る見る強張っていった。

「……な、中村、おまえ、顔ッ！　顔ッ！」

「何《なん》が？」

中村さんは身を乗り出し、車のバックミラーやサイドミラーに自らの顔を映してみた。少し右目の瞼が腫れている。

「あら、目イボ（ものもらいのこと）になりかけとおばい《なりかけてるな》」

だが、他の三人も中村さんの顔をまじまじと見て、

「うあっ……」「やべぇやん！」「顔ずれとおばい《ずれてるぞ》！」

と、慌てている。

中村さんの顔が縦一文字に割れて、右側が高く、左側が五センチほど低くなっている、目の大きさも右目が大きく、左目が小さい、顔色も左側はやけに青黒く見える、という。

「み、右と左で……ち、違う奴みたいに、なっとお《なってる》！」

Cが声を震わせながら言う。

「何《なん》言いよん、別に痛くねぇけ何もなっとらんちゃ」

中村さんはもう一度、車のミラーを覗いて否定したが、ふと思い当たる節があった。彼は以前にも不思議な体験をしたことがあり、そのあと同じ状態になったらしく、一緒にいた友人たちから、

「顔ずれとおよ《ずれてるよ》。左右で違う奴の顔になっとお《なってる》！」

と、言われたことが二回あった。

すぐさま顔を鏡に映してみたが、さほど左右の違いは感じられなかった。その二回は怪異が起こるとされる場所へ行ったときのことではなかった。

そして三回とも、それぞれ別のグループの友人たちから言われたことで、各グループ同士に接点はない。中村さんはこのとき、トンネルの中で車を叩かれたことよりも激しい恐怖を感じてしまい、弁当が喉を通らなくなった。

それ以来、鏡に映る自分の顔が正常であっても、他者には左右がずれて見えているのではないか？　と気になることがある。とくに、ライブの最中にその現象が起きたらどうしよう、と不安になることが今でもあるそうだ。

秋のトンネル

二十二歳の女性Dさんは、同い年で幼馴染みの女友達Zさんと二人で、秋の初めに低い山へハイキングに出かけた。舗装されていないハイキングコースを歩いて山頂まで登る。そこで昼食を済ませると、往路とは別のコースを歩いて下山することにした。その道は途中から車道と合流する。古いトンネルが見えてきたので、中に入ると……。

後ろから人の声がした。

「助けてくれい」

Dさんが立ち止まって振り返ると、上下グレーの衣服を着た八十歳くらいの小柄な老人が立っていた。頭からすっぽりとビニール袋を被っている。袋の口は顎の下で縛られていた。DさんとZさんは唖然として、棒立ちになったが、

「たぁすけてくれい」

老人はへらへらと笑っていた。口調もどこか呑気な印象を与える。とはいえ、見れば薄暗いトンネルの中でも、その顔といい、禿げ頭といい、真っ赤に染まっているのがわかった。酸欠になりかけているのであろう。

「大変！　大丈夫ですかっ⁉」

どうしてこんな目に遭っているのかはわからないが、早く助けなければ、とDさんたちは老人に近づいた。ビニール袋を外してやろうと手を伸ばす。だが、袋は固く縛られていて、なかなか解《ほど》くことができない。

「たぁ……すけてくれい」

老人が笑うのをやめて、目を白黒させ始めた。苦しそうだが、呑気な口調は変わらない。

「ああっ、どうしよう……」

Dさんは後ろを振り返ってZさんの顔を見たが、おたおたと慌てているばかりである。

と、そこへ――。

「たああ、すけてくれい‼」

後方から雷鳴のような大声が響いて、振り返るともう一人、老人が立っていた。

やはりビニール袋を頭から被っており、禿げ頭で、上下グレーの衣服を着ている。同じ老人が現れたようにも見えたが、その身長は三メートルを超えていて、トンネルの天井に頭が届きそうなほど高かった。

Dさんは悲鳴を上げたあと、記憶を失った。

気がつくと、Ｚさんともども、トンネルから百メートルほど手前の道の真ん中に倒れていたという。もちろん、二人とも、そんな場所で昼寝をした覚えなどなかった。

車できのこ狩りに来ていた老夫婦に介抱されていたそうだ。車に乗せてもらって、再びトンネルを通過する。今度は何事も起こらなかったが、自力で再び歩いてこのトンネルの中を通る気にはならなかった。

（もしかしたら、下山する途中で貧血でも起こして、夢を見ていたのかしら……？）

ただ、帰路に乗った電車の中でＺさんに確認してみると、同じようにトンネルの中でビニール袋を被った二人の老人と遭遇したことを覚えていたという。

それから二ヶ月が過ぎた。

Ｄさんのスマートフォンに、Ｚさんから電話がかかってきた。出てみると、Ｚさんが、

「たぁ、すけてくれい！」

「たあ、すけてくれい！」

「たああ、すけてくれい！」

トンネルの中で遭遇した老人と同じことを何度も叫んでから、一方的に切ってしまった。

電話をかけ返してみても出ない。Ｚさんはアパートで一人暮らしをしているので、Ｄさん

は心配になり、様子を見に行くことにした。しかし、アパートに到着して呼び鈴を鳴らしても反応がなく、ドアには鍵が掛かっている。埒が明かないのでDさんは引き揚げた。

夜になってからも繰り返し電話をかけてみたが、一向に出ない。尚更気になったDさんは、Zさんの実家に電話をかけて母親に経緯《いきさつ》を伝えた。

それで翌朝、母親がアパートへ駆けつけてきて、部屋の中で倒れているZさんを発見した。ビニール袋を頭から被り、袋の口を顎の下で縛って、窒息死していたという。

Dさんは後日、Zさんの母親から聞いたのだが、部屋には遺書があり、勤務先でいじめられて退職するように仕向けられ、悩んだ末の自殺だったらしい。Zさんは、Dさんの前ではいつも明るく振る舞っていたので、まったく気づかなかった。彼女の死は、Dさんの心に深い傷を残すことになったそうである。

酷道《こくどう》ラリー

ひどい道ばかりを走る〈酷道ラリー〉というものがあるそうだ。それを趣味にしている人々が名づけた造語らしい。

愛知県在住の女性Vさんはドライブが好きで、その酷道ラリーを趣味にしており、悪路で通行が困難な山道などを好んで走っていた。また、悪路でなくても、国道の起点から終点まで、車で走破することに嵌《は》まっていた時期もある。初めは日本全国津々浦々を一人で回っていた。

今から十五年ほど前、付き合い始めた現在の御主人に、趣味について語ると、

「面白そうじゃないか。僕も行きたいな」

と、興味を示してくれたので、Vさんの愛車で日本縦断を一緒に達成したという。

さて、二人で広島県から島根県へ抜けようとしたときのこと。Vさんたちは広島市から某国道を通って島根県へ向かうことにしていた。当時はナビゲーションシステムを使っておらず、地図を見ながらVさんが常に運転していたという。

秋の午後のことで、広島市を出たときはまだ明るかった。途中で別の国道への分岐があ

り、悪路がありそうなので入ってみた。すると案の定、走るにつれて道路が狭くなり、舗装はされているが、車一台がやっと通れるほどの道幅になった。路肩から草木がはみ出している。おまけに急なカーブの連続で、〈警笛鳴らせ〉の道路標識が立っていた。

日が暮れてきて、街灯もない、真っ暗な山道が続く。Vさんは崖から落ちないように細心の注意を払いながら恐る恐る走っていた。酷道は大好きだが、死にたくはない。

やがて島根県に入ってから、急に寒気がしてきた。ヘアピンカーブを一つ曲がると、前方にトンネルが見えてきた。素掘りと思われる小さなトンネルである。山奥では時折見かけるので、珍しいとは思わなかったが、嫌な感じがした。

（ここ、何となく気味が悪いな）

ただ、この細くてカーブが多い道をひたすらバックで戻るのは骨が折れるし、危険でもある。Vさんはトンネルの手前で車を停めて、助手席の御主人と相談を始めた。

「私、ちょっと、ここは気味が悪いから、あまり通りたくないんだけど」

「ぬう……。でも、ここを行くしかないよね」

やむなく前進することになった。幸い、短いトンネルなので、すぐに通り抜けることができた。そのまま走り続けると、日本海に面した街へ出た。島根県内でラーメンを食べて車中泊し、この日は無事に終わった。そこから山口県を経由して九州地方に入り、あちこちを巡って地元の愛知県に帰ってきた。

その夜は御主人が住んでいた狭いワンルームのアパートに泊まることになった。シングルベッドに二人並んで眠っていると、Vさんは夜中にふと目が覚めた。身体が動かない。おまけに大勢の人間が声を発したり、動き回ったりしているようなざわめきが聞こえてくる。Vさんはこのとき、仰向けになって寝ていた。電灯はオレンジ色の光を放つ豆球だけが点いている。そのため、室内は薄明るいオレンジ色に染まっていたのだが、天井全体に黒い霧のようなものが散らばって見えてきた。墨を霧吹きしたかのようだ。

それらは素早く動き回っていた。同時に、雑踏のざわめきを思わせる声や音が大きくなる。黒いものたちが発している音声らしかった。天井の真ん中付近に集結し、大きな長方形の塊になろうとしている。あれが降りてきて、のしかかってこられたら、堪ったものではない。Vさんは全身に悪寒が走り、鳥肌が立ってくるのを自覚した。

（こっちに来ないでよ！　私には何もできないから！　どっかへ行って！）

Vさんは懸命に念じ始めた。それをしばらく続けていると、棺のような形と大きさになった黒い塊が、天井から舞い降りてきた。

（嫌だ！　来ないで！　何もできないよ！）

心の声が届いたのか、黒い塊はVさんではなく、隣で寝ている御主人のほうへ向かってゆく。Vさんはそこで急に激しい眠気に襲われ、うとうとしてしまった。

突然、御主人が、「うわあっ」と叫んで跳ね起きた。Vさんも再び目が覚めた。

「どうしたの？」

「黒い霧みたいな奴が、僕を中に閉じ込めようとしていた……。消えちゃったけどね」

当然、Vさんには思い当たる節があった。

(ああ、さっきの奴だな。夢じゃなかったのか)

実は、Vさんは子供の頃から不思議な現象と遭遇することが多くて慣れていたが、御主人はそれまでまったく経験がなく、怪異を信じない人だったので、

「怖い夢を見たんだね」

と、諭すように言い、そのときは終わった。

翌朝、Vさんは自宅に帰ったが、夜になってから御主人に電話をかけると、

「昨夜《ゆうべ》、もしかしたら、幽霊を見たのかもしれない」

そう言い出した。

「あっ。あの黒い霧みたいなものでしょ」

「えっ、何で知ってんの？　見てたの？」

事情を説明すると、御主人はそれ以来、怪異の存在を信じてくれるようになった。

その後、現在に至るまで、あの黒い塊と遭遇したことはない。

それから長い年月が過ぎて、つい最近のこと。Vさんは、広島、島根方面を走ったときのことをふと懐かしく思い出した。十五年ほど前はYouTubeができたばかりで、動画はさほど普及していなかったのだが、昨今は〈酷道ラリー〉で検索すると、沢山の動画がヒットする。国道の起点から終点まで走りながら撮った映像を早送りにした内容が多い。

（あの素掘りのトンネルも出てくるかもしれないね）

Vさんが検索をしてみると、記憶に残る島根県内の国道の動画が見つかった。道路の様子は昔走ったときと、ほとんど変わっていない。ところが、それを全部見ても、Vさんと御主人が通った素掘りのトンネルは出てこなかった。

（何でだろう？　でも、あの辺りだけ工事をして、景色が変わったのかな？）

気になって、インターネットの地図で航空写真を見ながら調べてみたが、記憶にある周辺には新しいトンネルやバイパスは見当たらなかった。素掘りのトンネルもない。これには鳥肌が立ってきた。Vさんは、御主人に向かっていった黒い塊も、かの素掘りのトンネルからとり憑いてきたものだったのだろう、と改めて思うようになったそうだ。

横浜の二本の橋

神奈川県横浜市にお住まいの女性Kさんから聞いた話である。

Kさんの娘さん一家は隣の区に住んでおり、住まいを訪ねるには車で十五分から二十分はかかる。途中で川の右岸から左岸へ渡るのだが、ルートは川の下流に架かるS橋を渡るか、一キロほど上流に架かるT大橋を渡るかになる。どちらも時間はさほど変わらない。S橋のほうが狭くて、手前で渋滞しやすいことと、T大橋ルートのほうが距離はあるものの、道路の渋滞が少ないことから、同じくらいの時間で行ける。それでもっぱらT大橋ルートを利用していた。

娘さんの家へ行くには、T大橋を渡って百メートルほどで左折、そのあと再び左折する。

この日、Kさんは九十歳になる母親を眼病の治療に連れてゆくことになり、ハイヤーを利用して病院へ出かけ、帰宅は午後三時半過ぎになった。夕方には孫娘を預かるために自宅から車で三十分程度の幼稚園まで迎えに行かなければならない。休む間もなく夕食用のカレーを作り始めた。

午後五時二十分。Kさんは孫娘のYちゃんを迎えに出発した。Yちゃんを車に乗せて、幼稚園から少し走ったところで、娘婿のTさんから電話があった。Tさんは娘さんよりも帰宅が早いのである。このとき、午後六時を数分過ぎていた。車を道路の端に停めて、電話で二分ほど会話をした。Tさんは、Kさんの家までYちゃんを迎えに来るという。

Kさんが自宅に着いたのは午後六時半頃で、御主人のR氏が帰宅していたため、急いでカレーライスを用意した。Yちゃんは車の中で眠り始め、抱き上げて座布団の上に降ろしても眠っていた。じきに電車で通勤しているTさんが、最寄り駅から歩いてやってきた。

Kさんは TさんとYちゃんを車に乗せて、午後七時五分頃に家を出た。国道を横断して直進する。S橋を渡る場合は途中で右折するのだが、そこを曲がらず、さらに直進する。

その間にKさんは車を運転しながら、助手席のTさんと話していた。Kさんの愛車は、既に十六年も乗っているスマートという二人乗りのコンパクトカーである。Tさんは膝の上にYちゃんを乗せていたが、この乗り方は本来ならば道路交通法違反となる。

「だからね、買い替えを考えているのよ。エンジンの調子はいいし、まだまだ乗れるから捨て難《がた》いんだけどね」

「デザイン的にも、こういう車はあまりないから、もったいないですよね」

道路は混んでいなかった。T大橋まで行く途中、ステーキ店の手前で前を走る青い車が右折した。タイヤ店の看板があり、園芸店の温室を見た記憶がある。Yちゃんを迎えに行ったときは反対車線が渋滞していたが、今はやけに空いていた。T大橋に差しかかる。

「この橋を夕方に渡るとね、夕焼けが綺麗なときがあるのよ」

Kさんは前方を見たままTさんに語りかけたが、なぜか返事がなかった。

T大橋を渡り終えると、百メートルほどで角を左折しなければならない。ところが、その角に気づかず、いつの間にか直進していた。

（あれっ、曲がりそこねた？　……でも、それなら、次のE交差点で曲がればいいや）

しかし、何やら景色が違う。一瞬だったが、走っている新幹線の灯りと高架が見えた。

（新幹線はもっと西のほうを通っているはずなのに……。でも、左折はしていないし、道もカーブしていない……）

しばらく直進したが、E交差点には到達しなかった。前にも後ろにも反対車線にも、他の車は走っていない。そして見覚えのない景色が続いている。

（変ねえ……。夜だから、景色が違って見えるのかしら？）

Kさんは横浜生まれの横浜育ちで、T大橋を渡ってからの道路も頻繁に通って熟知しているが、道路の両側には無機質な灰色をした高い塀だけがどこまでも続いていて、まるで初めて訪れた街のような、見知らぬ風景であった。Kさんは、

「ごめんね。曲がりそこなったわ。E交差点も過ぎちゃったみたいね」

と、Tさんに語りかけたが、またもや返事がなかった。

正面にE交差点とは異なる、初見の交差点が見えてくる。ちょうど信号が赤になった。

(良かった。ここで何とか方向確認ができそうね)

信号の手前で車を停めると、ずっと黙っていたTさんが口を切った。

「あ、ここ、左ですね」

「えっ！　そうなの？」

左に曲がって、またどこかで左に曲がるのかな、と、Kさんは咄嗟に考えた。

(まぁ、この辺りのことはT君もよく知ってるんだろうし、大丈夫だよね)

それにしても、ここは一体、どこなのか？　前方左右は依然として灰色をした無地の壁が続くばかりである。左手を見上げると、交差する右側の道路から走ってくる車のための道路標識が目に入った。『↑東名　溝口』とある。

「えええっ!?　本当に、ここ、どこなんだろう？」

Kさんは混乱の余り、声に出してみたが、Tさんはまたしても黙り込んでいる。

相変わらず前方に車はなく、左右を行き交う車も、後続車も見当たらない。大都市横浜で、宵の口にこれほど車の通行量が少ないことは、かつて一度もなかったという。

「ねえ、T君！　ここ、どこだかわかる？」

Tさんに話しかけてみたが、返事はなかった。

「……寝ちゃったの？」

KさんはTさんがうたた寝をしているのかと思い、ちらりと助手席を見ると、Tさんは顔を上げ、目を開けて前方を見つめていた。Kさんの声が聞こえていないらしい。

（はあ？　どういうこと？　それに、どこなの、ここは？　どこなんだっ？）

頭が混乱して、こめかみの辺りから冷や汗が噴き出してくる。

（落ち着け！　落ち着くんだ！）

自らに言い聞かせながら、何気なく前方を見ると、信号機の横に先程まで気づかなかった『S橋』の標識が見える。

（S橋？　何で？）

S橋はT大橋から一キロほど川の下流に架かっており、方角は東、右方向になる。T大橋を渡ってから右折すれば行くことができるが、カーブもない道路を北の方角に向かって直進してきたので、行けるはずがないのだ。Kさんはますます頭が混乱してきた。

だが、そこで信号が青になったので、とにかく左折してみた。

すると――。

唐突に見覚えのある光景が広がった。前方によく知ったコンビニや中華料理店の看板が明るく光っている。それで先程の交差点が、川の右岸から左岸へS橋を渡り終えた地点であったことに気づいた。

安堵するのと同時に、なぜ？　どうして？　という疑問が脳裏に溢れんばかりに湧いてくる。結局、普段はあまり通らないS橋ルートで、娘さんの家へ向かうことになった。Kさんは、

(何がなんだか、さっぱりわけがわからないけど……。遠回りしたわけだから、ちょっと遅れちゃうな)

などと考えながら、車を走らせた。

「送っていただいて、ありがとうございました！」

娘さんの家の前に着くと、Tさんは一変して、明るい声で御礼を言った。

「ううん。いいのよ。じゃあね」

「はい！　とても助かりました！」

今度は確かにKさんの声が聞こえている。TさんとYちゃんを車から降ろすと、荷物を渡してKさんは帰路に就いた。それが午後七時二十三分頃のことで、Kさんが自宅に到着

したのは午後七時四十分頃であった。行きは十八分、帰りは十七分――時間は普段と同じ程度しかかかっていない。

Kさんは、あとになって考えてみると、あのとき信号待ちをしながら『S橋』の標識に気づいたことで、現実の世界に戻れた気がするという。そして、もしも一人で車を運転していたら、別の世界に迷い込むか、事故を起こして二度と戻ってこられなかったのではないか、と思えてならないそうだ。

なお、Kさんは、思い違いではなかった証拠を丁寧に挙げて下さったので、掲載しておきたい。

※　私、Kは国道を越えて直進したあと、S橋へ向かって右折する交差点は明らかに通過し、T大橋へ向かう道を直進していた。

※　T大橋を渡り切ってから、道を曲がりそこねた？　と気づくまでがわからない。数秒間だけ記憶が抜け落ちている。気づいたら見覚えのない道になっていた。

※　S橋から左折する道に気づくまで、一度も角を曲がっていない。T大橋を渡ってからS橋へ向かうには、どこかで右折しなければならないが、曲がっていない。

※　S橋を渡った記憶はない。渡っていれば、アップダウンがあるので覚えているはず。

※　仮に何らかの理由で記憶が抜け落ち、T大橋を渡ってからS橋へ向かったのだとすれば、もっと長い時間がかかったろうが、通常の所要時間がかかっただけである。
※　最も合理的な解釈として、私の脳があのときだけ変調を来《きた》していたとしても、T大橋を渡り終えてからS橋まで、どのように移動したのか、謎である。無意識の状態で車を運転できたとは思えないからだ。また、T君の言動もおかしかったが、訊いてみると、
「何も変わったことはありませんでした。道をまちがえたなんて、全然思わなかったし、今日はS橋を渡るルートなんだな、と思っていましたよ」

S橋を渡った、と彼は証言している。


さらにKさんはメールで「追記」を送って下さった。これも掲載してみたい。

数年前、Kさんの御主人のR氏が、愛車をチャージャーからマセラティに買い替えたことがある。中古車業者がチャージャーを引き取りに来る予定日の前日、R氏はKさんとその母親をチャージャーに乗せて、三人でとある墓地へ墓参りに行った。

その道中、Kさんは車を買い替える話を母親にしていた。墓地に着くと、三人は車から

降りた。最後にR氏が降りたそうだ。一時的な下車で、すぐにドアを開けるつもりだったR氏は、エンジンキーを差したままであった。

ところが、ドアを閉めた途端、独りでにすべてのドアがロックされてしまった。まさかのできごとにR氏もKさんも呆気に取られた。ドアを傷つけずに開けることができないため、たまたま通りかかったタクシーを呼び止めてKさんと母親は帰宅し、Kさんだけがスペアキーを持って墓地へ戻った経験があるという。

今回、Kさんは十六年も乗ってきたスマートをジムニーに買い替えようと検討しており、車中でTさんにそのことを話していた。直後にこの現象が発生している。関係があるかどうかは不明だが、墓地でのドアロックの一件のあと、無神論者であり、怪異をまったく信じていないR氏が珍しく、

「車を買い替える話は、その車の中でしないほうがいいのかなぁ」

と、口にしたことを思い出したそうである。

竹藪の中の家

山口県在住の男性Yさんは、ツイッターを通して知り合い、以前にも情報提供をして下さったことがある方だ。そのYさんが、

「昨日、法事がありまして、実家へ行ってきたのですが、そこで母親からこんな思い出話を聞きました。本人曰く、今まで話す機会がなかったそうなんです」

と、語った話をしてみたい。


昭和三十五年のことだという。

当時、Yさんの母親であるK子さんは小学六年生であった。K子さんの実家も山口県の郊外にあるのだが、その年、道路を挟んだ向かいの家に住んでいた老人が亡くなった。享年八十六。前日まで家族と酒を飲み、楽しそうにしていた。しかし、朝になっても起きてこないので家族が様子を見に行くと、布団の中で既に亡くなっていた。心臓発作と思われるが、さほど苦しんだ形跡もなく、大往生だったと言える。

通夜をすることになり、近所の人たちが集まってきた。夕方、K子さんと、中学生の兄、

両親（Yさんにとっては祖父母）は自宅の前に立って、通夜が始まるのを待っていた。他にも近所の人たちが周りに集まり、故人の思い出話などをしていたという。

死去した老人の家は平屋建てで、周りを広い竹藪に囲まれていた。その庭には老人の親族たちが集まっている。田舎町のことなので、道路を走る車は少ない。

日が暮れて、僧侶が到着し、いよいよ通夜が始まるという段になって……。

道路の向こうの竹藪の中から、突然、真っ赤な火の玉が現れた。低空に浮かんだそれは、ソフトボールほどの大きさで、ゆっくりとこちらに飛んできたという。

それに気づいた人々は驚愕し、大騒ぎになった。

「足を閉じろ！　股を閉じろ！　閉じないと死ぬるぞ！」

誰かが叫んだ。

K子さんは何のことやらわけがわからなかったが、とにかく両足をくっつけた。火の玉は道路を横切ると、高度を下げてきて、その場にいた人々の足元をぐるぐると飛び回り始めた。次々に膝や腿などにぶつかってくる。

「きゃあっ！」「うわあっ！」「くそっ！」「こっちへ来るなっ！」

と、悲鳴や怒鳴り声が響き渡った。

ところが、不思議なことに、火の玉に襲われた人々はまったく熱さを感じなかった。一人として、火傷を負った者はいなかったそうである。

やがて火の玉は、両足を閉じていなかった二十二、三歳の青年に近づいていった。近所の家の長男だ。火の玉はその青年の股間を潜《くぐ》り抜けた。そして皆が見ている前で忽然と消えたという。

「おまえ、御祓いを受けに行けっちゃ！　すぐに行けよ！　股を潜られた奴は死ぬるぞ！」

年配の男性がそう忠告したが、当の青年は笑い出した。

「大丈夫。そんなの迷信じゃろ」

青年は言うことを聞かず、通夜に参列したあと、家族と家に帰っていった。

この地区では昔から、『火の玉に股を潜られたら死ぬ』との伝承があることから、青年の身を案じる者が多かった。K子さんも、火の玉の飛び方が明らかに意思を持っているように見え、青年を狙っていたように思えたので恐ろしく、嫌な予感がしたそうだ。

それが的中して、数日後の夜、青年の家から火災が発生した。原因不明の大火で、家はたちまち全焼し、青年も家族も全員が逃げ遅れて焼死してしまった。だが、猛威を振るった炎は不思議なことに両隣の家々には燃え広がらず、まるで自然と消滅するように消えていったそうである。

「それ見ろ、やっぱりじゃ」

と、近所の人々は口々に言って、震え上がった。

K子さんが火の玉を実際に目撃したのも、股を潜られた者が死亡したのも、このとき一度だけだったが、地区の外まで大騒ぎになり、生涯忘れられない凶事となった。

なお、老人の死と火の玉に何らかの関連があったのか、なぜ竹藪から火の玉が現れたのか、などの原因は両親や近所の人々に訊いてみたものの、何もわからなかったという。

秩父《ちちぶ》の百八灯《ひゃくはっとう》

埼玉県秩父市出身の女性Nさんが、小学三年生の頃のできごとである。Nさんが住んでいた地域から、さらに奥の村では盂蘭盆会《うらぼんえ》になると〈百八灯《ひゃくはっとう》〉と呼ばれる祭りが行われていた。

『山の上まで道に火を灯す祭りで、その道を三往復すると一年間風邪を引かない』

と、言い伝えられている。

当日は昼間に精霊流《しょうりょうなが》しを行い、百八灯は午後六時頃から開催される。同級生から話は聞いていたが、Nさんはそれまで実見したことがなかった。この夏は、ちょうど親戚の青年が、「百八灯を見たいんです」と言ってきたので、父親が車に乗せて見物に行くことになった。そこでNさんも連れていってもらえることになったという。

夕方、父親の車の後部座席に乗せてもらい、現地へ向かう。

(かなり険しい山道を歩くんだろうなぁ)

と、道中、想像していた。

日が暮れてくる。やがてNさんは、車窓から望める山の頂上付近に火が灯っていることに気づいた。オレンジ色の炎が列を成して、夜空の下に山の影を浮かび上がらせている。

「お父さん。百八灯って、あんなに山の上まで行くの？」

「そうだよ。山の上のほうまで行くんだよ」


ところが、実際に祭りの会場に到着すると、車道に沿っておよそ八百メートルほどの区間に篝火《かがりび》が焚かれているだけであった。Nさんが車窓から見た、山の頂上付近までは炎の列が続いていなかったのである。

「あたしが見た火は、もっと山の上まであったんだけど……あれ、何だったんだろう？」

父親や親戚の青年に訊いてみたが、二人とも、

「そんな火は見えなかったよなぁ」

「そうですねえ……」

と、顔を見合わせて首を傾げていた。

腑に落ちなかったNさんは、帰宅してから同じことを祖母に話してみた。すると、

「お祭りだから、天狗様がうれしくて、山の上に火柱を上げたんだろ」

そう教えてくれた。

Nさんが生まれ育った地域の隣には、合角《かっかく》と呼ばれる土地があり、現在はダム湖に沈められてしまったが、かつては〈天狗岩〉という巨岩があった。

昔、隣家に住んでいた老女が若かった頃、〈合角ダム〉はまだなくて、無人の〈天狗岩〉の上から大きな火柱が上がったことがあり、それを見て腰を抜かしたという。

Nさんはそんな話を祖父母からよく聞かされて育ってきた。だから自分が見たものも、本当に〈天狗の火柱〉だったに違いない、と今も信じているそうだ。

長崎の少年

特殊造形作家として、幽霊や妖怪のオブジェを制作している女性、万凛《まりん》さんが子供の頃に祖父から聞いた話である。

祖父のAさんは長崎県で生まれ育ち、子供の頃に住んでいた家には、屋外に汲み取り式の〈ぼっとん便所〉があったという。

Aさんが小学五年生だった、ある夜。布団の中で眠っていた彼は、真夜中に尿意を覚えて目が覚めた。眠る前に水を飲み過ぎたらしい。

寝室を出て廊下を進むと、中庭がある。その中庭の先に便所があった。廊下には電灯がなかったが、Aさんは慣れているので、怖い気はしない。それに夜空には月が出ていて、廊下と中庭を明るく照らしている。Aさんは中庭に下りると、草履を履いて歩き出した。

すると、中庭の奥のほうに何かが浮かんでいた。白く光るものがある。

（何や？）

目を細めながら暗闇を凝視すると――。

それは真っ白な女の顔であった。双眼から青白い光を発してこちらを見つめながら、徐々に近づいてくる。

胴も手足もなかった。ただ真っ白な肌をした女の生首が、宙に浮かんでいた。長い黒髪が頭の真ん中から分かれており、唇は紅を塗ったかのように紅《あか》い。

Aさんが驚いて立ち止まると、それはさらに宙を滑るように近づいてきて、Aさんの顔の前まで来て止まった。真正面から、目と目が合う。

女が、にたりと笑った。

その口はやけに大きく、両耳まで裂けていたという。

仰天したAさんは、咄嗟に右手を握って、殴りつけようとした。だが、女の生首は後ろへ下がって見事に躱《かわ》した。ボクシングのスウェーバックに似た動きだ。そして再び近づいてくる。

Aさんは右の拳で殴ろうとした。しかし、女の生首は笑いながらパンチを躱すと、すぐにまた近づいてくる。同じ動作が何度も繰り返された。

(こいつは敵《かな》わん!)

Aさんは次第に恐ろしくなってきた。隙を見せれば女に噛みつかれそうな気がしてきたのである。それに尿意も激しくなってきた。

もう我慢できない。このままでは漏らしてしまう。Aさんは咄嗟に大声で、

「うわあああっ!!　化け物出たあああ!!」

と、叫んでいた。

それでも女が近づいてこようとするので、何度も同じことを叫ぶ。

大きな足音が聞こえてきた。Aさんの大声に目を覚ました兄と弟が、何事かと、廊下を走って様子を見に来てくれたのだ。

二人の加勢が近づいてくると、女の生首は一瞬のうちに消えてしまった。

しばらくは身体の震えが止まらなかったが、どうにか女を追い払うことに成功したので、Aさんは〈勝った〉と確信したそうである。

「祖父《じい》ちゃんはな、昔、化け物と戦って、勝ったことがあるんや!」

と、Aさんはよく自慢していた。怪談が好きな万凜さんがせがめば、何度でも同じ話を語ってくれた。

そのことが、現在も万凜さんの創作活動に大きな影響を与えているという。

霧の中、他

五十代の女性Yさんは、東京都江戸川区の南小岩で生まれ、近くの小学校と中学校を卒業した。

「小岩なくして、私という人間は成立しません。それほど色々な思い出が詰まった町だと思っています」

とのことである。

Yさんが小学校に入学したばかりの頃、最初に友達になったNちゃんという女の子は、父親が働く職場の宿舎に住んでいた。Yさんは、よくNちゃんの家に一人で遊びに行ったという。

そこは鉄筋コンクリートの宿舎が建ち並んだ団地で、Yさんが敷地に入ると、どういうわけか、いつも決まって霧が立ち込めている。濃霧というほどではないが、白い霧が常に通路や駐車場、植え込みなどを覆っていて、空を仰ぐと必ず曇って見えた。晴天の日でも例外ではない。そして霧の向こうから複数の人々が話し合ったり、動き回ったりしているような物音が聞こえてくる。

敷地内に大きな枝垂《しだ》れ柳が一本、生えていた。その枝や細長く尖った葉が、風がある日もない日も、同じように揺れ動いている。Yさんがいつも何気なくそれを眺めながら歩いていると、霧の向こうに人影が浮かび上がってくるのだ。

大人の男が五、六人いた。大きな焼却炉があって、男の一人が何やら投げ込んで燃やしている。霧とは異なる灰色の煙が立ち昇っていた。やがてスコップを手にした別の男たちが、地面に土を被せて何かを埋め、白い粉らしきものを撒き始める。

Yさんはその光景を〈怖い〉と思うのだが、なぜか逃げることもできず、ぼんやりと立ち尽くしてしまう。そこへ男の一人が近づいてくる。中年で、傷だらけの醜い顔をした男だ。こちらを見下ろして——。

「喋るな！」

実際に声が聞こえたわけではないが、そう言われた気がした。

そこでYさんが、はっ、と我に返ると、白い霧は消えており、焼却炉も男たちの姿もなく、地面に撒かれたはずの白い粉も見当たらない。ただ柳の枝葉だけが揺れ動いている。

Yさんはこの団地を訪れる度に毎回、同じ光景を目にしていた。子供心に奇妙には思っていたが、あの傷だらけの顔をした男が怖くて、友達のNちゃんには話すことができなかったという。そして次第にNちゃんの家にも遊びに行かなくなってしまった。Yさんの家には、両親の他に、母親と弟である叔父も同居しており、何でも話すことができたにも拘わらず、この一件だけは内緒にしていたそうだ。

そのままいつしか忘れてしまい、数十年が過ぎていった。

今から八年ほど前、母親が何かの拍子に昔話を始めたことがあった。

「そういえば、あなたが子供の頃、Nちゃん、っていたわよねえ。ほら、眉毛が太くて眉間で繋がってる、毛深な子。髪の毛も多くてねえ。物凄く印象に残ってるわ。あの子、今、どうしてるのかしらねえ？」

ふいとYさんに訊いてきたという。

その途端、Yさんの脳裏に長年忘れていた、怖くて不可思議な光景が甦ってきた。

（ああ、嫌だなあ！　どうしよう……）

Yさんは少し考えてから、幼時に味わった恐怖と決別したい一心で、当時何度も目にしていた奇妙な光景について、初めて母親に打ち明けてみた。母親はYさんが語るのを黙って聞いていたが、話が終わると、

「そう……。あなた、そんなものが見えていたの。ずっと怖い思いをしてきたのね？」

Yさんは頷いた。

「たぶん、それは赤線が廃止になったときの景色を見ていたのかもしれないわね。悲しい

思いをした女性が大勢いただろうし、病気で亡くなった人もいたはずだからねえ」

母親は顔を少し歪め、声を落としながら、こんな内容の話をしてくれた。

あの土地にはかつて有名な赤線の建物があり、表向きはアメリカ進駐軍向けのダンスホールとされていたが、実際には〈見物料〉と称した入場料を支払い、そこで気に入った女性を買う売春施設だったという。昭和三十二年に赤線は廃止され、その建物も取り壊された。母親の説明によると、建物の残骸を大きな焼却炉に焼《く》べて燃やしていたのではないか、とのことであった。

だが、そのとき忽然と、Yさんの脳裏に嫌な記憶の残像が生々しく浮かび上がってきた。

（違うわ。男の人たちが燃やしていたのは、服だった……。赤い服……。鮮やかな、赤いドレス……）

そして男たちによって、地面に裸体の若い女が横たえられていた。蒼白の顔が醜く歪んで、白目を剥き、口を開けている。母の話からすると、きっと赤線で働いていた女だろう。既に死んでいる。病死か、あるいは何らかのトラブルに巻き込まれて殺害されたのか、定かでないが、墓地ではない場所に大きな穴が掘られており、男たちによってそこに放り込まれ、埋められてゆく——。

（だから怖くて、ずっと記憶の中から消えていたのね！）

Yさんは慄然としたそうである。


子供の頃のYさんはこのように、実際にはそこにないものが、現在の景色と被るように映し出されて見えることがよくあった。

また、大人になってからも、年に何度か、不思議な光景が見えることがあったという。

彼女が以前に勤めていた東京都内の事務所の近くに高層ビルと広場があるのだが、そこへ行くと、

(あれ？　また雨？)

晴れた日でも、決まっていつも小雨が降っている。しかし、誰も傘を差していないし、Yさん自身も雨に濡れることはなかった。

(ここ、何だか気持ち悪いな)

自然と足が遠のくようになった。

数年後、このできごとを取引先の年配の女性社員に話したところ、

「ああ、あそこはね……」

と、こんな説明をしてくれた。

例の広場は、終戦直後、GHQに土地を接収されて造られた戦犯用の牢獄で、某陸軍大

将をはじめとするA級戦犯が処刑された場所として知られていた。

「道理で……」

Yさんは雨の原因を知って、納得したという。


これは、それから数年後に起きたできごとだ。

平日の昼間、Yさんが仕事の用事で銀行へ向かって歩いていると、大通りの交差点で信号が青になった。向こうから大勢の人々が歩いてくる。

（あの人、何!?）

雑踏の中に一人だけ、黒い煙に全身を覆われた女性がいた。こちらに近づいてくる。年の頃は五十代前半くらいか。小太りで髪は短く、黒縁眼鏡を掛けていた。黒い煙は半透明で、女性の容姿や風貌が識別できたという。

擦れ違ってからYさんが振り返ってみると、やはり全身に黒い煙が纏わりついている。煙はゆらゆらと踊っているように見えた。

（目の錯覚じゃなさそうね。何だか気味が悪いなあ……）

だが、このときは大事な用事で急いでいたので、立ち止まっている暇はなかった。用事を済ませて勤務先の事務所へ戻ったとき、その女性と黒い影のことはすっかり忘れていた。

翌日の昼休みのこと。

Yさんは弁当を買いに行き、職場へ戻ろうとしていた。そこで偶然、昨日見かけた女性と再び出会ったそうだ。

女性の身体は同じように半透明の黒い煙に覆われていた。男性のように髪を刈り上げた短髪で、昨日と同じように黒縁眼鏡を掛けている。買い物帰りらしく大きなレジ袋を片手に提げており、そこから長ネギが突き出していた。Yさんは、女性の服装までは記憶にないものの、レジ袋と長ネギはよく覚えているという。

白昼の大都会だけに、昨日も今日もその女性の姿を見かけた者は大勢いたはずだが、いずれも振り返ったのはYさんだけであった。どうやら、黒い煙は彼女にしか見えていないらしい。この日は時間に余裕があったので、Yさんは道路の端に寄って足を止めると、女性を目で追ってみた。すると、職場の事務所が入っているビルの真裏にマンションがあり、女性はそこに入っていった。

それから二日後の夜。

仕事を終えて帰宅したYさんは、遅い夕食を食べていた。テレビがニュース番組を放送している。それを何気なく見ていた彼女の、箸の動きがはたと止まった。

つい先程、職場のすぐ近くで殺人事件が起きたことを告げている。画面にYさんがよく行くコンビニと、入口に黄色のロープを張られた真裏のマンションが映し出された。『五十代の女性がエレベーターの中で腹を刺され、救急車で病院へ搬送される途中、死亡が確認された』とのことであった。

犯人はアジア系の男で、数日後、警察に逮捕された。たまたまエレベーターに同乗した女性から金銭を奪おうとして争いになり、隠し持っていたナイフで刺したのだという。

当時は殺人事件の被害者の顔写真がニュースや新聞で公開されることは普通に行われていたので、Yさんは例の黒い煙に覆われながら歩いていた女性だったのか、気になってさまざまなマスコミ報道に目を通したが、どういうわけか、この事件の被害者である女性の顔写真を目にすることはなかった。事件そのものも、加害者と被害者との間に深い因果関係はなく、単なる物取りの犯行だった、ということしか報じられなかった。

したがって、あの女性が被害者だったのか否かは、確認できていない。職場の近所とはいえ、マンションの住民との交流は一切なかったからだ。ただし、それ以後、その女性の姿を目にしたことはないそうである。

山手線の朝

東京都の中心部を走るＪＲ山手線は、環状の鉄道路線として、あまりにも有名である。

これも同じＹさんの体験談で、かなり以前のことだが、彼女は毎朝、山手線に乗って職場へ通っていた。

その日、午前八時頃、Ｙさんは利用客で混雑した日暮里駅のホームで、電車が来るのを待っていた。彼女を先頭に人の列ができている。だが、右の方向から来るはずの電車が、到着時間を過ぎてもなかなか来なかった。日本の鉄道が遅れることは滅多にないので、

（東京駅のほうで何か起きたのかな？）

そんなことを考えながら待っていたが、遅延を告げるアナウンスはない。

Ｙさんは何気なく線路を見下ろしていた。線路はホームから二メートル近く下にある。

と、そこへ……。

Ｙさんの視界に入り込んできたものがあった。右手から、何かがこちらに近づいてくる。

初めは大きなガラスの器かと思ったそうだ。透き通ってはいるが、肉眼で確認できるものが、線路から一メートルほど上の空中を移動している。

(何、あれ?)

Yさんが目を凝らすと、それは人の首であった。頚部から下はない。どこかギリシャ彫刻を思わせる彫りの深い顔立ちで、男のようである。実際に、平均的な成人男性の頭部くらいの大きさがあった。

それは前方を向いたまま、線路に沿って空中を飛び続け、Yさんの目の前を通過していった。頚部から水を滴らせている。間近で見ると、皮膚や頭髪が流動していて、ガラスの器というよりも、水が人の顔を形成しているかのようだったという。

そのとき、駅の構内アナウンスが流れた。

「先程、品川方面の線路上で人身事故が発生しました。運行が再開するまでに時間がかかりますので、別の路線を御利用下さい」

Yさんがアナウンスに気を取られている間に、男の首は見当たらなくなっていた。少しの間、放心状態になってしまったが、

(そうだ! 電車が止まったから遅れる、って会社に伝えないと……)

彼女はじきに我に返ると、まずは公衆電話機へ向かうことにした。当時はまだ携帯電話が普及していなかったのである。

その場から離れる前に、何気なく線路の向こう側のホームに視線をやった。すると、ス一

ツを着たサラリーマン風の若い男性が目を丸くしながら、こちらを見つめていたので、視線が合ってしまった。男性が線路のほうを指差して、

（今の、見ましたか？）

と、問いかけてきたように思えたため、Yさんは慌てて二、三度、頷いた。

（はい、見ました！　あなたも見ていたんですね？）

線路を指差すと、今度は男性が何度も頷く。

（はい！　僕も！）

実際に言葉を交わしたわけではないが、身振り手振りと目の動きで男性も同じものを目撃していたことがわかったという。ただし、ホームにいた他の人々は無反応で、先程の男の首が見えていなかったらしい。

このときはそれだけで終わったのだが……。

（あれは、電車に飛び込んで自殺した人の魂だったんだろうなぁ……。きっと、品川から線路を通って日暮里まで飛んできたのね）

Yさんは長年にわたって、そう考えていた。しかし、なぜ品川で自殺した男の魂が日暮里までやってきたのか、その理由はわからなかった。

そして後年、知人の女性Bさんにこの話をすると、甚《いた》く驚かれたという。

「最近のことなんだけど、あたしもそれ、見たことがあるのよ！」

ある朝、Bさんが秋葉原駅で山手線を待っていると、線路の上を飛んでくる男の首を目撃した。それはYさんが見たものと同じく、透明な水でできているようで、欧米人を思わせる彫りの深い顔立ちをしていたが、平均的な成人男性の頭部よりも二倍は大きく見えたそうである。これはYさんの目撃情報とは異なる点だ。

男の首は線路上を飛んで、じきに見えなくなったが、Bさんはこの日、鉄道を乗り継いで目的地まで行き、午後になって池袋駅から山手線に乗ろうとした。

そこへ朝に見たものと同じ男の首が現れ、線路の上を飛んでいった。弱々しい飛び方ではなく、人が歩くのと同じ程度の速さで、前方を向いてまっすぐに飛んでいたそうだ。

（あんなものを一日に二度も見るなんて！）

Bさんが衝撃を受けたところへ、駅の構内アナウンスが聞こえてきた。それは渋谷駅方面で人身事故が発生したという知らせであった。

気になったBさんが、インターネットを使って調べたところ、人身事故はやはり飛び込み自殺だったらしい。おまけに、その場に居合わせたという者が『もろに見ちゃいました。若い女性が線路に飛び込むところを』とツイッターに書き込んでいるのを見つけたというのである。

「ツイッターの書き込みなんか、嘘も一杯あるから、どこまで信じていいのかわからないけどね……」

Bさんはそこで話を結んだ。

今度はYさんが驚愕する番であった。ツイッターの書き込みが真実だとすればの話だが、男の首は少なくともその時間帯に自殺した女性の魂ではないことになる。

「じゃあ、私が前に見たのも……」

男の首が山手線に出現した日に、無関係な人間が自殺したのかもしれない、とYさんは思い及んだ。また、男の首が線路上を移動すると、自殺が発生するのかもしれない、とも思ったが、確証はなく、それ以外のことは何もわからなかった。

Yさんは今でもこのできごとを思い出すと、苦い気分になるという。

第一発見者

　今から二十数年前のこと、当時二十八歳の男性Fさんは週末の午後、二十歳の彼女を車に乗せてドライブに出かけた。Fさんは郵便局の外務職員（配達員）で、彼女は同じ局のアルバイトである。某市と某市の境に当たる山奥に美しい滝があるので、それを見に行く予定であった。

　川沿いに車一台しか通れない山道が続いている。そこを登ってゆくと、前方に白い車が駐《と》まっていた。完全に道を塞いでいるので、Fさんはクラクションを鳴らしたが、その車は動かなかった。

「何をやってるんだ？」

　Fさんは舌打ちして、愛車から降りた。白い車からエンジン音が聞こえてくる。Fさんが近づいてゆくと、白い車の後方からゴムホースが伸び出て、窓から車内に入り込んでいるのが見えた。

「大変だ！」

　その車の運転席のドアは、ガムテープで目張りがしてあり、開かなかった。助手席や後部座席のドアも開かない。唯一、ハッチバックドアは目張りがされていなかった。そこを開けると、車内には排気ガスの臭いが充満しており、運転席に男性が寝ている。

痩せていて身体が柔らかいFさんは、ガスを吸わないように呼吸を止めると、後部座席の背凭《せもた》れを乗り越えて車内に潜り込んだ。後方から運転席の男性の肩を掴んで揺さぶったが、反応がない。呼吸をしている様子がなく、既に死亡していた。

Fさんは呼吸が苦しくなったので、その車から出て愛車に戻った。彼女に事情を告げて、山道を引き返す。当時はまだ携帯電話を持っていなかったのである。しばらく進むと、川沿いに一軒だけ商店がある。シャッターが閉まっていたが、それを何度も強く叩いた。店主と思われる老人が出てきたので、来意を伝えたところ、

「また自殺か……。川の右側だった？　それとも左側？　それによって警察が違うからね」

と、慣れた様子で警察を呼んでくれた。

後日、Fさんと彼女は警察に呼ばれ、刑事から事情を訊かれた。

「あの男性は排気ガスで自殺した可能性が高いのですが、本署の警官が現場に着いたときにはエンジンが切られていたんですよ。既に亡くなっていたはずなのにね。Fさん、あなたがエンジンを切ったのですか？」

警察は他殺の可能性もあると見て、調べていたようである。

「いいえ。僕じゃありません。もう、明らかに亡くなっている、と思ったので、触りませんでした、車のキーには。僕も、そこまで考えてはいませんでした、慌てていたので」

「変ですねえ。おそらくあの男性は、途中で気が変わって死ぬのをやめようとしたのでしょう。そしてエンジンを切ったが、間に合わずに亡くなった。その直後にあなた方が発見したのではありませんか？」

「いいえ。掛かっていましたよ、エンジンは。記憶が、ありますから、音を聞いた……」

結局、誰がエンジンを止めたのかは不明のままとなったらしい。また、死亡した三十二歳の男性が同じ郵便局員だったこともわかったが、別の局に勤務していて面識はなく、警察からは自殺の動機までは教えてもらえなかった。

ところが、その後、Fさんの身の回りでは悪いことが続くようになった。彼の高校時代の友人に〈些《いささ》か見える〉男性がいるのだが、久々に居酒屋で会ったところ、

「おまえ、何か連れてきた？　さっきから、後ろに緑色のスーツを着た男が、ちらちらと見えたり消えたりしてるんだけど」

自殺の第一発見者となったことは知らせていなかったにも拘らず、唐突にそう言われた。

緑色のスーツといえば、国家公務員だった当時の郵便局員の制服を想起させる。

翌日、Fさんはバイクに乗って郵便物を配達中に自損事故を起こした。秋のよく晴れた日のことで、速度を出し過ぎていたわけでも、道路が雨に濡れていたわけでもないのに、急にタイヤがスリップを起こして、バイクごと転倒したのだ。原因はわからなかった。バックミラーが折れ曲がってしまったことと、足の打撲だけで済んだのだが……。

ひと月ほどして、今度は激しい腹痛に襲われた。病院へ行くと、受付の女性事務員から、

「あの、お連れ様は、付き添いですか？」

と、訊かれたので訝しく思い、後ろを振り返ったが、誰もいなかった。

「僕一人、なんですけど……」

「あっ、ごめんなさい！　失礼しました！」

Fさんは虫垂炎と診断され、入院して手術を受けた。そして、その間に婚約までしていた彼女が他の男性と付き合い始めてしまった。退院後に別れ話を切り出されて、Fさんはひどく打ちのめされた。ちなみに、相手の男性はFさんよりも年上の三十四歳だったそうだ。

意気消沈したFさんは、仕事に集中できなくなり、誤配達《ごはいたつ》を繰り返すようになった。局に苦情の電話が次々に寄せられて、上司からは叱られる。一層憂鬱になったFさんは、次

第に自殺したいと思うようになった。それからというもの、あの自殺者と遭遇した山奥の滝へ向かう道が、毎日何度も脳裏に浮かぶ。

(俺もあそこへ行って、車でガス自殺をしようか)

そう考えたこともある。だが、彼の身を案じた同僚から「坊さんの知り合いがいるから、護摩焚きをしてもらったほうがいいよ」と勧められ、ある寺を紹介された。そこで護摩を焚いてもらうと、一時的に気分が和らいだが、一週間も経つと気が滅入ってきて、また死にたくなった。

すると、一人で食事に行ったラーメン屋でカウンター席ではなく、テーブル席を勧められ、冷水が入ったコップを二つ出されたことや、昼休みに同僚から、

「今、駐車場に行ってきたら、おまえの車に知らない奴が乗ってたんだけど、あれ、誰だ？ 局の制服を着ているぞ」

と、訊かれたこともあった。

(そうか。自殺した男が俺を仲間に引き込もうとしているんだな。同業者だから、気に入られたのか？)

Fさんはそれから毎日自殺することを考えるようになった。仕事でバイクを運転中、向こうから大型トラックが走ってくるのを見かけると、あのトラックの前に飛び出して撥ね

られれば死ねるな、とか、速度がかなり出ているときに、今、わざと転べば死ねるかな、などと考えてしまう。ただし、それらはすべて未遂に終わった。

（トラックに突っ込んだら、相手の運転手に大変な迷惑がかかるだろう。郵便物も届かなければ、困る人たちが大勢いるだろう）

と、躊躇《ちゅうちょ》してしまうのである。

しかし、とうとう休日の朝になって、決意した。

（今日こそ、あの滝に行って死のう）

ゴムホースも用意して、愛車に乗ろうとすると、エンジンが掛からない。何度掛けようとしても駄目で、ボンネットを開けてエンジンルームを調べてみても、どこが悪いのか、わからなかった。ディーラーに連絡して、修理に来てもらおうとしたが、今日は予約が一杯で、無理だという。

そのため、この日は滝へ行くことができなかった。翌日は出勤日だったが、

「風邪を引いて、熱があるので休ませて下さい」

電話で仮病を伝えて休んでしまった。

（どうせ今日、死ぬんだから、もう仕事なんか、どうでもいいんだ）

やがてディーラーの整備士がやってきた。「ちょっと、様子を見させて下さいね」と車

に乗ってエンジンを掛けると、すぐに掛かった。

「えっ、何で？　昨日は全然駄目だったのに……。どういうことだろう？」

Ｆさんは狼狽するばかりであった。

「エンジンの様子も見ましたけど、どこも異常はないようですよ」

整備士は笑って引き揚げていった。

Ｆさんは拍子抜けして、滝へ行きたい気分も削がれてしまった。

（今日はやめておこう）

それから彼の中で何かが変わったらしい。死にたい、という気持ちが薄れてきたのだという。緑色のスーツを着た男が、周囲の人間によって目撃されることもなくなった。

のちに〈見える〉と自負している占い師と知り合い、このできごとを語った上で診てもらったところ、

「あなたは強い御先祖に守られているから、悪霊も諦めたのでしょう」

とのことであった。

まあ、これで良かったのかな、と思えるようになった矢先――。

職場の後輩が、

「最近、緑色のスーツを着た男が後ろを歩いている、ってよく言われるんですよ。同業者のことなのかな？　俺には見えないんですけどね」

などと、言い出した。

Ｆさんは嫌な予感がしたそうだ。

「おまえ、気をつけろよ。元気を出せよ。困ったことがあったら、何でも言えよ」

と、彼なりに励ましたのだが……。

その後輩は、ひと月後に自殺した。

車であの滝へ行って、ガス自殺を遂げたのだ。

それから一年後。

職場の先輩も同じことを言い出し、まもなくあの滝でガス自殺を遂げている。

今度もＦさんはどうすることもできなかった。

（きっと、俺を連れていけなかったから、あの二人を代わりに連れていったんだ）

Ｆさんは助かったが、喜ぶことができなかった。二人の死が彼の心に暗い影を落とすことになり、職場にいるのが辛くなって、郵便局員を辞めたそうである。

首吊りの橋

現在、群馬県伊勢崎市に住んでいる五十代の男性Bさんは、かつて東京都に住んでいた。元日のこと、当時四十代前半だったBさんは、会社の仲間たちと四、五人で初詣に行った。ある神社へ向かうため、電車に乗ったところ、座席が埋まっていたので、立って吊り革に掴まり、車窓から景色を眺めていた。電車がX川という一級河川を渡る。鉄橋と平行して、細い橋が架かっている。その下に人間がぶら下がっているのが見えた。

「あっ……」

電車はかなりの速度で走っていたし、百メートル前後の距離が離れていたはずだが、どういうわけか、Bさんの目にはぶら下がっている者の姿が鮮烈に映った。

頭髪が禿げ上がった、小太りな老人が首を吊っている。紺色の上着を着て、グレーのズボンを穿いていた。

「どうした？」

隣にいた仲間の一人が声をかけてきた。Bさんの声と表情の変化に気づいたらしい。

「爺さんが首を吊ってる！」

Bさんは老人を指差した。それで仲間たちだけでなく、その周辺にいた人々が一斉に細い橋のほうを凝視したのだが、

「ほんとかい？」

「どこにいるんだよ？」

Bさん以外には見えないようで、騒いでいるうちに電車は鉄橋を渡り終えてしまう。

やがて神社近くの駅に到着し、仲間たちと電車を降りたBさんは、改札にいる駅員に知らせておいたほうが良いのかな、と思った。

「さっき、X川の橋の下に、お爺さんがぶら下がっていましたよ。首吊りのようです」

「はあ。そうですか」

三十がらみの男性駅員が無表情な顔をして、抑揚のない返事をした。

(俺、変なことをしたのかな？　駅員じゃなくて、警察に知らせるべきだったか？)

Bさんは少し恥ずかしく思いながら改札を通過した。だが、そのとき後方から「ちっ」

という舌打ちと、

「またかよ」

と、駅員が面倒臭そうに呟くのが聞こえた。どうやら、他にも目撃者が大勢いて、同じことをやったので駅員が呆れているようだ。そのためBさんは、元日から自死を遂げた老

人に同情はしたものの、俺が警察に通報しなくても誰かが先にやっているだろうな、と考えた。帰路も電車で同じ場所を通ったが、老人の遺体はぶら下がっていなかった。

(ああ、もう回収されたんだな)

ところが、正月休みが明けてから、Bさんが通勤のため、電車に乗ってそこを通ると、再び同じ老人がぶら下がっている姿を見かけた。橋の手摺りに縄を縛りつけて首に引っ掛け、手摺りを乗り越えて飛び降りたらしい。

(そうか！　あれは本物の遺体じゃなかったんだ！)

そして駅員が言った「またかよ」も、「また出たのかよ」という意味だったのか、と悟ったという。


さらにBさんは同じ橋の下に、黒いジャージを着た若い女がぶら下がっている光景も目にするようになった。老人の遺体も相変わらず見えるので、遺体が増えたことになる。

会社の後輩にX川の近くに住む若い男性がいたので、この話をすると、

「あそこは自殺が多い場所なんですよ。毎年、何人か首を吊っているそうなんです」

とのことであった。

それからほどなくして、Bさんが働く会社は倒産した。これまでは妻子と社宅に住んでいたが、住めなくなったのでアパートを借りるしかなかった。しかし、なかなか適職が見つからず、高い家賃が生活を逼迫《ひっぱく》させることになる。

落胆や焦りを抱えながら電車に乗り、職を探していると、電車がX川を渡る。例の細い橋を眺めれば、首を吊っている者が四人に増えていた。風にゆらゆらと揺れている。

（ああ。あの連中、何だか楽しそうだな。俺も仲間に入れてもらいたいものだ……）

Bさんは初めてそんなことを考えた。その後も良い再就職先はなかなか見つからず、家賃の支払いも滞るようになってきた。

（明日、縄を買いに行こう……。俺もあそこで首を吊ろう……）

そう考えながら帰宅すると、妻からこんな提案があった。

「ねえ、私の実家へ引っ越さない？　親も年だし、同居してくれるなら、家賃はかからなくなるよ。仕事も意外とあると思うの。伊勢崎や太田は工場が沢山あるから」

Bさんは呪縛から解放された気がした。

（そうだ。このままではいけない。俺も危うくあの橋で首を吊るところだった！）

Bさんは東京での暮らしを諦め、妻の実家がある群馬県伊勢崎市へ引っ越した。やがて就職先も見つかると、首を吊りたくなることはなくなったという。

ボディブローのように

ボクシングのボディブローは単発では効かなくても、同じ部位に何発も打ち続けることにより、対戦相手の動きを鈍らせ、倒すこともできるという。

本書を執筆するため、インターネット電話スカイプを使い、リモート取材を行ったところ、ある怪談イベントを主催しているSさんという男性が、協力を申し出て下さった。これから述べるのは、彼が知人たちから聞いたという、ボディブローのような二話である。

一

Aさんが居酒屋の副店長として働く店は、東京都某市のビルの地下にあった。営業は深夜十二時で終了となる。閉店後に後片付けをすべて済ませると、終電間際となってしまうことが多いので、当時二十代後半だったAさんは、原付きバイクで通勤していた。

大勢の客が来た夜のこと。後片付けがまだ終わらなかったが、終電の時間が迫ってきたため、Aさんはアルバイトの若者たちを先に帰らせた。店長はオーナーの中年男性で、他の店舗も経営しており、そちらへ行く用事があった。

「悪いけど、後のことは頼んだよ」

オーナーは途中で抜けて、Aさんが独りで片付けることになった。去り際にオーナーは眉を曇らせながら、こう告げたという。

「A君。原付きで来ているからって、あんまり遅くまでここにいると、変なことが起きるから、早めに帰ったほうがいいよ」

「えっ？　どういう、ことです？」

オーナーは苦笑いを浮かべたが、何も言わずに店から出ていった。

独りになったAさんは気にしないようにして、その後も後片付けを続けたが、なかなか捗《はかど》らず、午前二時を過ぎても終わらなかった。外は雨が降っている。

（原付きで夜中に雨の中を帰るのは危ないな）

疲れも溜まっていた。少し仮眠をして、早朝に帰ればいいや、と思う。この居酒屋は雑居ビルの地下に入っているが、狭いながらも中二階があり、そこが掘り炬燵《ごたつ》の席になっている。そこで座布団を布団代わりに敷いて、横向きに寝た。顔は吹き抜けの店内に向けている。

灯りを点けたまま、少し眠っていると、出し抜けに目が覚めた。完全に覚醒していたが、どういうわけか、身体がまったく動かない。視力だけは良好で、壁に掛かった時計が目の届く位置にあった。見れば横になってから、まだ三十分ほどしか経っていない。

まもなく、目の前に何かがあることに気づいた。そこは床の上に壁はなく、横木の枠だけがある。中二階なので転落を防止するためのものだ。

（何だ、あれは？）

床の縁に、青白い人間の両手が乗っていた。正確に言えば、親指を除いた手の指が左右四本ずつ見える。このときは不思議と、泥棒か！　とは思わなかった。

（見てはいけないものを見てしまった）

ふと、そんなことを考えたという。

最初は指の第二関節までしか見えなかったが、やがて手と手の間に人間の頭頂部、髪の毛らしきものが上がってきた。

（まずいぞ！　どうしよう⁉）

横木の枠と床との間から、何者かが襲いかかってきそうな気がする。依然として身体は両目を動かすことしかできない。目を閉じることも怖くてできなかった。

だが、人間の頭頂部らしきものはそこで一旦、動きを止めた。それから三十分ほどの間、ろくに動かなかった。いや、動いてはいたが、ひどくゆっくりと上がってきていた。

一方、Aさんは初めのうちこそ恐怖を感じたものの、徐々にこの状況に慣れてきた。怖さを感じなくなり、心に余裕ができて、相手を観察できるようになった。

相手の頭部を見ていると、髪の毛がやや薄く、頭皮が露出していて額が広い。

「うぐぐぐ……。うううう……」

男のものと思われる唸り声が聞こえてきた。懸命に中二階へ登ってこようとしている。

(こうなったら、どんな顔をした奴が出てくるのか、見極めてやろう)

と、Aさんは心に決めて、目を凝らした。

「ううううう……。ぐぐぐぐ……」

ようやく相手の濃い眉毛が見えてきた、と思った次の瞬間——。

Aさんは急に身体が自由に動かせるようになった。そこで相手が登ってくるよりも前に正体を見極めてやろうと、上半身を起こす。

「あっ！　あああああっ……」

男の叫び声が上がり、続いて地面に大きなものが落下したような衝突音が響いた。

Aさんには、中年の男が懸垂でもしていて、落ちていったように思えたそうである。

(ははあ。これが、オーナーが言ってたことなのかな)

Aさんは中二階から店内を見下ろしたが、下には誰もいなかった。

彼は後日、オーナーにこの一件を語って、探りを入れてみた。

「ここって昔、何かあったんですかね？」

「いや、俺も、ここを借りる前のことは知らないよ」

オーナーは笑って首を振るばかりで、何も教えてくれなかった。ただ、

「だから、早く帰れ、と言ったんだ」

その言葉を放ったときだけ、顔つきが変わった。口元はまだ笑っていたが、双眸は笑っておらず、針の先のように鋭く光っていた。

Aさんには、何かを知っている顔つきに感じられた。それで思い出したのだが、

(あの夜に見た中年の男は、懸垂をしていて落ちたのではなく、ビルのような高い所から突き落とされたのではないか？)

そんな気がしてきて、全身が冷たくなったという。

この店はのちに閉店し、ビルも取り壊されている。

二

これはSさんによると、〈一〉の話とセットで語ることが多いそうだ。ただし、体験者

も聞いた時期や場所もまったく異なる。

場所は関東地方南部だが、東京都ではない。三十代の男性Hさんは、その町へ引っ越したばかりであった。彼は身体を鍛えることが好きなのだが、スポーツジムに通うのではなく、自宅の近所で好きな時間に運動ができる場所を探していた。

地図で調べてみると、アパートの近くに広い公園があることがわかった。実際に足を運んでみたところ、子供用の遊具だけでなく、大人用の運動器具も充実している。

（良かった。いい場所が見つかったぞ）

Hさんは毎日、その公園へ通うことにした。

何日かして、仕事で帰りが遅くなった彼は、深夜になってから公園へ行き、ジョギングコースを走り始めた。しばらくして身体が温まったところで筋力トレーニングを行うのが日課である。鉄棒に似た懸垂用の器具があるので、Hさんはそれに飛びつき、ぶら下がって懸垂を始めた。そこはジョギングコースの外側に当たり、近くに外灯も立っている。

Hさんは懸垂を始めてすぐに気づいたことがあった。公園の奥のほうに人影が見える。やはり懸垂をしているらしく、Hさんと同じような動作をしていた。

Hさんは引っ越してきたばかりなので、この公園については隅々まで知っているわけではない。奥にも同じように懸垂ができる器具があるんだな、と考え、気にせずに懸垂を続けていた。相手も同じ調子で続けている。

スポーツジムでもよくあることだが、同じ運動をしている者がいると、負けたくないという気持ちが働く。先にやめると負けたような気分になるので、競い合うことになる。

Hさんは影を見ながら、まさにそんな気分になっていた。つい、無理をしてしまう。影しか見えていないが、相手の懸垂はまったく終わる気配がなかった。逆にHさんは腕が痺れてきた。元々、懸垂は得意なのだが、平素に行う回数の倍以上はやっている。

(ああ、もう無理だ……。悔しいけど、諦めよう……)

相手の上下運動はまだ終わらない。

Hさんは腕に力が入らなくなったので器具から降りて、少し休むことにした。そして相手がどんな人物なのか、興味が湧いてきた。何となく、同行の士や良い好敵手《ライバル》と出会えたような、親近感や尊敬の念を覚えたそうだ。

改めて相手のほうに視線を向けると、その近くに外灯はなくて暗かった。陰影《シルエット》しか認知できない。Hさんは近くへ行って、どんな器具があるのか、どんな人物がいるのか、確認しようとした。挨拶くらいはしてみよう、と思う。奥へ進んでゆくと、短髪で細身の男性らしい陰影がより鮮明に見えてきたが、その動作にHさんは、

(おや？　何だかおかしいな)

と、感じ始めた。

懸垂といえば、腕を完全に伸ばした状態で棒にぶら下がり、肘を曲げて顎が棒の上に来るまで身体を引っ張り上げるわけだが、腕は数十センチしか上下に動かさないものである。しかし、その男の腕が動く範囲はあまりにも広かった。一メートルを超えるかと思われる上下の幅で、上がったり下がったり、休むことなく動き続けている。

男の陰影からして、突出した長身には見えない。

（だとすると、腕だけが猿のように長いのか？　人間離れした長さなのか？）

Hさんは異常な光景を見ている気がしてきた。それでも、男の姿を確認したい気持ちが勝っていたので、さらに近づいていったという。

（いや、これって、懸垂じゃないな……）

器具に掴まっているはずの男の両腕は、だらりと下に垂れているようであった。嫌な予感がしてくる。

とはいえ、ここまで来たら前進を続けるしかない気分になっていた。暗さに目が慣れたこともあり、男の姿を確認できる場所まで近づいたとき――。

男の上下する動作が不意に止まった。

見れば、その周辺に金属でできた懸垂用の器具などは存在しない。ケヤキの大木が生えているだけであった。

(木の枝を使っていたのか？　撓《しな》らせて運動をしていたのか？)

そう考えながら接近したが、男はまったく動いていなかった。

スーツを着た男が首を吊っていたのである。

(うわっ！　大変だっ！)

Hさんは飛び上がらんばかりに驚き、咄嗟に男から背を向けた。

(警察に通報しなきゃあ！)

すぐにそこまで考えたが、怖くてどうしても振り返ることができない。彼は運動だけを目的に来ていたので携帯電話を持参していなかった。そこで公園を出た所にある公衆電話から警察に通報した。そのときになって、

(しまった。あの人がまだ生きていたら、どうしよう？)

と、思いついたが、もはや引き返す気は起きなかった。

やがて警察が到着して話を聴かれた。Hさんは自分が見た光景をありのままに語った。

「運動をしていたら、奥のほうで人影が動いているので、気になって近づいてみたんです。そうしたら、首吊りで……」

ところが、警察には、変な目撃証言をしている奴がいる、と思われてしまったらしい。

ケヤキの枝にぶら下がっていた中年男性の遺体は、首を吊ってから既に何日か経っていたのだ。死亡したばかりではなかった。

おかげでHさんは、薬物をやっているのか？　本当に死者との関わりはないのか？　などと事件性を疑われ、長い時間、引き止められて尋問を受ける羽目になってしまった。一生忘れられないほどの、苦い思い出になったという。

その後、他に良い場所が近くになかったので、この町に住んでいる間は同じ公園で運動をしていたが、あのケヤキの大木と懸垂の器具には二度と近づかなかったそうである。

ガラガラ

昔、男性Wさんが大学生の頃、飲み会に参加して帰る途中のことである。当時は現在ほど飲酒運転の罰則が厳しくなかったことから、酔った状態で車を運転していた。車には男女の学友四人が同乗している。

「公園にでも寄って、酔いを覚ましてから帰ろうぜ」

Wさんは上機嫌で、午前一時頃に郊外の広い公園までやってきた。そこには大きな深い池と、山の頂上から伸びる二台のローラー式滑り台が並んでいた。昼間は池でボートに乗る人たちがいたり、家族連れが多くてにぎやかな場所なのだ。

しかし、今は夜中なので人影はなく、貸し切りと言って良い状態である。うれしくなったWさんは学友たちと騒ぎながら、「滑り台をやろうぜ！」と山の頂上まで駆け上がった。近くに外灯が立っている。

早い者勝ちで一人ずつ、ローラーの音をガラガラ、ガラガラ……と立てながら滑っていったが、ローラーが水浸しになっていた。水飛沫《みずしぶき》が飛び散り、服がびしょ濡れになる。滑り台の手摺りからも水が滴っていた。全員が滑り終えたあと、

「雨なんかここんところ、全然降ってなかったのに、変だよね」

「何でこんなに濡れてるんだろう？」

と、誰もが渋い表情を浮かべて首を傾げた、そのとき――。

ガラガラガラ……。ガラガラガラ……。

ローラーが回転する音が、滑り台のほうから聞こえてきた。水が跳ねる音もしている。

外灯の光を浴びて、黒い影が滑り降りてくるのが見えた。

身体が小さい。子供の影のようだ。

その影は消えたのか、あるいは外灯の光が届かない位置に入ったのか、途中から見えなくなった。それでも、ローラーが回転する音と水が飛び散る音だけは聞こえてくる。Wさんは頭部から一気に血の気が引いてゆくのを感じた。

「変なのがいるぞ！　逃げよう！」

もう一度滑り台を見たが、やはり何も見えなかった。Wさんたちはますます怖くなって、全速力で走ってその場から離れた。学友たちも懸命についてくる。公園の出口まで走り、ここまで来れば大丈夫だろうと、走るのをやめた。必死に呼吸を整える。

「そういえば、ここの池は子供が何人も落ちて溺れ死んでいるんだ」

学友の一人が言った。

学友の中には黒い子供の影をはっきりと目撃した者もいれば、

「俺には何も見えなかったよ。でも、ローラーが回転する音や水が飛び散るような音だけは聞こえたな」

と、証言した者もいた。

ゆっくりと歩き出しながら、そんな話をしていたところ――。

ガラガラガラガラーッ！

滑り台のローラーが回転する音が遠くから、これまでよりも大きく聞こえてきた。それもひっきりなしに聞こえてくるのだ。

ガラガラガラガラーッ！　ガラガラガラガラーッ！　ガラガラガラガラーッ！

「ついてくるかもしれない！」「逃げろっ！」

Wさんたちは再び走り出した。駐車場まで急いで戻り、車に乗った。だが、帰宅する途中で警察の取り締まりに捕まって、罰金を取られることになった。

おまけにそれから、ガラガラガラガラーッ！　という音が耳元から頻繁に聞こえてくるようになり、その度にどきりとさせられた。夜中に聞こえて眠れなくなったり、車の運転中に聞こえて事故を起こしかけたりしたこともある。それが原因なのか、Wさんと学友の四人は全員、鬱病になってしまい、大学を一年間休学する羽目になったという。

宮崎の公園

「新犬鳴トンネル」に登場した中村冬美さんと同じグループで、ＣＤの制作やイベント活動をしている黒乃うさぎさん（男性）は、かつて宮崎県の郊外に住んでいた。その頃は遊びといえば、気心の知れた友人たちと朝まで酒を飲みながら喋り続けるか、当時流行《はや》っていた出会い系サイトで遊ぶ女を見つけて、カラオケやドライブに出かけたり、上手くゆけばラブホテルに連れ込むことくらいしかなかったそうだ。

その晩は友人たちの都合がつかず、携帯電話のアドレスに登録してあった若い女性に連絡してドライブをする約束を取りつけた。女性は不意の呼び出しだったにも拘らず、文句を言うことはなかったが、緊張しているのか、話しかけても口数が少ない。切れ長の両目や小さな唇に笑みを浮かべることもなかった。まるで能面のようである。機嫌を取ろうと思った黒乃さんは、ほとんど知られていない夜景の名所へ連れてゆくことにした。

目的地は由緒ある塔が聳《そび》え立つ記念公園の、駐車場の一角にある広場だ。夜間は出入口が施錠されてしまい、本来は入場禁止なのだが、車を降りて斜面に造られた狭隘《きょうあい》な脇道を登れば、広場まで行くことができる。これは仲間内だけの秘密であった。

小高い丘にある公園だが、市街地からはそう遠くない。目的地の近くに到着すると、頑丈なフェンスの前に車を停め、女性の手を引いて脇道を登っていった。夜間は入場禁止のため、当然、外灯は立っていない。それでも、満月に近い月が出ており、黒乃さんは夜目《よめ》が利くほうなので、懐中電灯もない状態で二百メートルほど暗闇を登り続けた。

やがて平坦な空間が目の前に広がった。車百台は駐《と》められると思われる、周りを森に囲まれた広大な駐車場に出た。森の奥には塔の頂が月光を浴びて浮き彫りになっている。この駐車場の片隅には広場があり、そこが目的地であった。

「ほら、あそこやじ《だよ》」

「へええ！」

女性は少し明るい声を発した。彼女を広場まで連れてゆくと、それまでの強張った無表情が笑顔に変わっていった。眼下では、市街地が発する小さな光の大群が、夜空の星よりも華やかに煌《きら》めいている。

「わあぁ……。てげ《とても》すげぇ《すごい》！」

女性が愛らしい声で言った。月光に白い歯が光る。彼女は柵に寄り掛かり、身を乗り出して夜景を眺め始めた。

（御機嫌伺いは成功だな）

黒乃さんは安堵した。

広場で十分ほど談笑して、さて車に戻ろうか、そしてこのあとはカラオケか、ラブホテルか、どこへ行こうかと考え始めたときのことである。不意に横のほうから冷気を感じてそちらに目をやると、ちょうど広い駐車場の真ん中辺りに黒い塊が見えた。

やけに大きなものだ。

「何だ、あれは？」

黒乃さんたちは立ち止まって目を凝らした。

それは人の形をしていた。夜の闇よりも黒い人影が、ゆらりゆらりと身体を左右に振りながら動いている。頭髪の有無は確認できず、男女の区別はつかない。足音は聞こえなかった。両膝を地面に突いているらしい。じわじわとこちらへにじり寄ってくる。

それがゆっくりと立ち上がった。身の丈が黒乃さんよりも遥かに高くなる。

黒乃さんはしばし呆気に取られて棒立ちになっていたが、急に頭の中で何かが音を立てて弾けた気がした。

黒い人影はいつしか少し空中に浮かんでいた。確実に近づいてきている。身の丈は二メートルを優に超えており、鮟鱇形《あんこがた》の相撲取りのように身体が丸く、太っていた。大きな丸い顔には目鼻も口も見当たらない。

（いかん。何て巨体だ！）

黒乃さんは、やはり目を見開いて呆然としている女性の手を引くと、急ぎ足で来た道を下り始めた。無我夢中ではあったが、走ることはできなかった。逃げれば一転して猛烈な速さで追いかけてきそうな気がしていた。気づいたことさえ気取られないように、恐怖心と闘いながら慎重に前進するしかなかった。

振り向きたい感情を抑えながら、ひたすら長い坂道を転ばないように下り、愛車に乗り込むと、急発進させてその場から離れた。女性は再び無表情になって黙り込んでいる。また能面に戻ってしまった。デートを続ける気にはならなかったので、山を下って市街地へ出ると、女性を自宅の近くだという町まで送っていった。別れ際にも女性は無口で、微笑すら見せなかった。

黒乃さんはあとになって思うと、得体の知れないものと遭遇した驚きよりも、あんなものに捕まったら殺される、という危機感のほうが勝っていた気がする、という。

それ以後、昼間も含めてその公園には行ったことがない。

あの女性とも連絡を取るのはやめて、会っていないそうである。

アウトサイダー

沖縄県在住の男性Tさんは、高校を卒業したばかりの週末、友達の男性Cさんから「飯を食いに行かないか」と誘われた。二人は日が暮れた頃にCさんが運転する車で地元の食堂へ向かった。車外は小雨が降っている。入社したばかりの会社のことや好きな女の子の話などをするうちに、食堂の駐車場に到着した。二人が傘を持たずに車から降りて歩き出した途端、後ろから声をかけられた。

「あ、ちょっとちょっと、ちょっと！　兄さん兄さん、兄さん！」

振り向くと、高級そうな紫色のスーツを着た、三十代半ばくらいの男が歩いてきた。傘を差して、ネクタイは着けておらず、ワイシャツの襟を立てている。標準語の馴れ馴れしい口振りだが、まったく見覚えのない男であった。目つきが鋭く、オールバックに整えた髪や鞣革《なめしがわ》のように日に焼けた肌が、堅気でない雰囲気を漂わせている。

「はい……。何、でしょうか？」

Tさんは警戒して、ぎこちなく訊ねた。

「いやねえ、初めて沖縄に来たんだけど、道がわからなくてさ。知っていたら教えてもらえないかと思ってね」

男が手描きの地図を出して、ある店を指差した。

「ここまで行きたいんだけど、どの道を通ったらいいのかな？」

Tさんは知っている店だったので教えてやった。

「もう、いいですかね？」

小雨とはいえ、傘を差していないので、早く食堂に入りたかった。

男は一変して満面に笑みを浮かべた。

「いや、本当に助かったよ。ありがとう。……これ、御礼！」

と、上着の内ポケットから紙幣を数枚出してきた。一万円札である。

「えっ！　いやいや、これは受け取れないですよ」

「お気持ちだけ、ありがとうございます」

TさんとCさんは慌てて断った。

男の表情が再び変わった。無表情になり、何も言わずに立ち去ってゆく。

男は少し離れてから、急にこちらを振り向いたかと思うと、眉を吊り上げて大声で、

「駄目だ、あんなの！」「なぁ、わかんだろ、おまえも！」「見ればわかるだろ、おまえも！

次行こう、次！」

右に左に顔を向けながら、虚空を怒鳴りつけている。それから男はこちらに背を向けて歩き出した。

「……ヤクザ、だよな？」

「半グレって奴かもしれない。どっちにしても、関わらないほうがいいよ」

TさんとCさんは小声で相談した。男が引き返してきたら嫌なので、別の店へ行くことにした。車に戻ろうとしたが、

「ちょっと待て」

Tさんは立ち止まって、疑問を口にした。

「あの人、一人だったよな。誰に怒ってたば《たんだ》？」

男は左右を見ながら怒鳴り続けていた。そこに仲間たちがいるかのように――。

Tさんたちが目で追ってゆくと、街灯に照らされた路上に水溜まりができている。男はそれを避けて進んだが、なぜか水飛沫が上がった。見えない何かが水溜まりに足を踏み入れたかのようだ。その後もよく見ていると、男から少し離れた場所で水飛沫が上がる。

「な、何だよ、あれは？」

Tさんが指差すと、Cさんが唸った。そして、

「あの人、何か撒き散らしてない？」

と、男が通り過ぎた路上を見ながら言う。

確かに、何かを投げ捨てながら歩いていた。男はそのまま歩き続けて、角を曲がり、姿を消した。そこでTさんたちは路上を確認しに行ってみた。破られた紙幣が落ちている。一万円札らしい。辺り一面にかなりの量がばら撒かれていた。

Tさんとしさんは互いに顔を見合わせた。

「これ、このままにしておくのは、まずいんじゃないか」

「いや、俺は関わりたくない」

「だからといって、見て見ぬふりをするわけにもいかないだろ」

Tさんは嫌がるCさんを説得した。

「じゃあ、俺、ビニール袋を持ってるから、それに入れて交番へ持って行こう」

二人で散乱した紙幣を拾い集めるうちに、白紙が混ざっていることに気づいた。それを掌の上で組み合わせてみると、文字が書かれている。街灯の光を頼りに目を凝らせば、

『たすけてください　けいさつへ　とどけ　』

と、鉛筆で書かれており、紙の一部に赤黒い染みが付着していた。血のように見える。

「気持ち悪いな。もしかしたら、この金も偽札とか……？」

Cさんが顔を顰《しか》めた。

「車に戻って、紙幣を組み合わせてみよう。本物と見比べてみたら、わかるんじゃないか」

Tさんがそう言った直後、足音が聞こえて、先程の男が猛烈な勢いで走りながら戻ってきた。このとき、Tさんは男の総身が赤黒く染まっているのを見た。顔面や両手、白いワイシャツの胸元などに血飛沫を浴びたような染みが無数に付着している。まるでたった今、人を殺してきたかのように――。

「うわあああっ！」

Tさんは驚愕して悲鳴を上げ、立ち竦《すく》んだ。

「この、ガキどもがっ！　死にてえかっ！　それを返せっ！」

男は双眸を怪しく光らせながら、どすの利いた声で叫んだ。よく見れば、スーツも血まみれになっている。

Cさんが慌ててビニール袋に詰めてあった紙幣を差し出すと、男は引ったくってその場から離れた。

「馬鹿野郎！　勝手なことをやりやがって！」

男が誰もいないはずの中空へ拳を突き出した。その先の水溜まりから水飛沫が上がる。

Tさんの目には、見えない人間が殴り倒されたように映った。

TさんとCさんは危険を感じて、すぐさま車に乗り込んだ。

「飯はやめだ。もう早く帰ろう」

Cさんが車を発進させる。Tさんが助手席から、去ってゆく男の後ろ姿に視線を向けると、やはり男よりも後方の、少し離れた水溜まりから水飛沫が上がっていた。見えない手下が同行しているかのようであった。

「なぁ、あの人、さっき、血まみれだったよな！　どうしたのかな？」

Tさんが不審に思っていたことを口にすると、Cさんが目を丸くした。

「何だって？」

彼も間近で男の姿を見ていたが、そんなことはなかったというのだ。

「……あの人、他所《よそ》で人を殺して、沖縄へ逃げてきたんじゃないか？」

と、Cさんが言い出したので、Tさんは余計に戦《おのの》いた。

それからTさんはテレビのニュースや新聞によく目を通していたが、あの男が事件を起こしたとか、警察に逮捕された、などの報道はなかったという。

雨の音

雨音は録音すると、実際よりも大きく響いて聴こえるものだ。

ある怪談の取材を行った録音にも、雨音が入っていた。

ばらばらばらばらばら……。

びじょんびじょんびじょん……。

降り頻《しき》る大粒の雨音が、途切れることなく入っている。

しかし、実はその日、雨は降っていなかった。

それに取材は防音設備の整ったビルの一室で行っており、当日は私と体験者たちの話し声や動き回る音の他は、何も聞こえていなかった。

一体、何の音なのだろう?

J兄ちゃんのギター

二十代の男性Oさんが小学四年生の頃、同じ町に十九歳のJという大学生の青年が住んでいた。Oさんをはじめ、近所に住む子供たちは彼のことを「J兄ちゃん」と呼び、キャッチボールやサッカーなどで、よく遊んでもらっていたという。また、Jはギターを弾くのが好きで、町内にある公園のベンチに座って、練習をしていることが多かった。

その公園では毎年晩夏になると、町が運営する小さな祭りが行われていた。Jはその祭りでギターを弾きながら歌を唄うことになった。

「みんなで聴きに来ておくれ」

JはOさんたちを見かけると、破顔一笑した。以後、公園でこれまでよりも熱心に練習している彼の姿を、Oさんはよく見かけた。本人も出演を楽しみにしていたらしい。

ところが、祭りの半月前になって――。

Jは外出先から自転車に乗って帰る途中、十字路を曲がってきたトラックと接触して転倒し、頭を強く打って、搬送された病院で呆気なく死んでしまった。

Oさんたちは皆、Jのことが大好きだったので、甚《いた》く落胆し、号泣した。

Ｊの葬儀が終わり、町の祭りは予定通りに行われることになった。いつまでも泣いてばかりはいられない。祭りの当日、Ｏさんが他の子供たちと公園へ行くと、一画に音響設備が用意されていて、カラオケを唄う老人や音楽に合わせてフラダンスを踊る女性グループがいたが、ギターを弾きながら唄う者はいなかった。にも拘らず、他の音楽が流れていないときに、一緒にいた同級生の少女が訝し気な顔をした。

「さっきから、ギターの音がするよね？」

Ｏさんには聴こえなかった。祭りに来た人々のざわめきが耳に入ってくるだけだ。

「本当だ！　する、する！」

「聴こえるね！」

他の少年二人が相槌を打つ。ギターの音は、Ｊが演奏を行うはずだった音響設備がある一画から聴こえてくるという。けれども、そこには誰もいなかった。

「あっ。今度は歌が聴こえてきた！」

「うん！　Ｊ兄ちゃんの声だ！」

「Ｊ兄ちゃんが唄ってる！」

Ｏさんも耳を澄ませた。しかし、依然として彼にはギターの音色も歌声も聴こえない。

Ｊの歌声とギターの音色は三分ほど続いてやんだらしい。

「Ｊ兄ちゃん、今日どうしても、ギターを弾きたかったし、唄いたかったんだわ……」

少女が涙を流し始めた。

「そうだね。きっと、僕たちに……聴いて、もらいたかったんだね……」

「あんなに練習してたもんなぁ……」

二人の少年たちも涙声になってきた。不思議と怖がっている者はいなかった。皆、Ｊのことが大好きだったから、怖くなかったようである。

「俺だけ何も聴こえないなんて」

Ｏさんは仲間外れにされたような気がして、憮然《ぶぜん》としながら家に帰った。


だが、それから半年後。この少女は信号を見落としたバイクに撥ねられ、数日後に死亡した。撥ねられた際に長い頭髪がバイクにからんで十メートルも引き摺られたという。

さらに数年のうちに少年二人も、それぞれ別の場所で、別の車に轢かれて死んでいる。

いずれも祭りの日にＪの歌声とギターの音色を聴いた者たちであり、Ｊの享年まで生きることができなかった。聴こえなかったＯさんだけが生き残ったが、恐ろしさの余り、鬱病になってしまったそうである。

和製ハードロックバンドの怪奇行脚《かいきあんぎゃ》

一、霊能者K氏

女性ミュージシャンのEさんは語る。

「最近では、死者はすぐに仏さんになるから、というので、葬儀場で塩をくれることがなくなりましたね。風水で盛り塩をやったり、結界を張るのに塩を使うとか、魔除けに塩が必要なことは変わらないようですが……」

彼女は知人である年配の女性霊能者K氏から、塩に関するこんな話を聞いたことがあるそうだ。

「家族や親戚が続けて病気で亡くなったり、事故に遭ったりしているんです。家の中も妙な気配がしていて……気味が悪いから、見てもらえませんか？」

Pさんという女性から相談を受けて、K氏がその家に出向いたときのこと。

玄関に入って精神を集中させると、ほどなく仏間の方角から嫌な感じがしてきた。行ってみれば、仏間から廊下へ黒い靄《もや》が出たり入ったりしている。K氏が仏壇の前に座ったところ、その抽斗《ひきだし》の中から大勢の老若男女の声が聞こえてきたという。

抽斗を開けると、そこには念珠（数珠）が入っていた。K氏はそれを手に取った瞬間、

「おわっ！」

思わず畳の上に落としてしまった。

心を落ち着けて目を凝らすと、念珠の玉の一つ一つに人間の顔が浮かび上がっている。玉の中に小さな生首が詰まっている状態で、それぞれが言いたいことを言い合っていた。

「頼む！　話を聞いてくれっ！」と懇願する者や怒っている者、「死にたくない」「痛い」と泣いている者、ただ大声で叫び続ける者、罵声を発する者、ぶつぶつと呟いているが、何を言っているのかわからない者――など、とにかくうるさい。

K氏が見たところ、この念珠の霊たちは、これまでにPさんが行った親戚や友人知人などの葬儀からとり憑いてきたものらしい。死後、往生して仏になることができず、未練があってこの世に留《とど》まったものたちで、葬儀場や墓地の周りなどにいたのか、Pさんとはまったく無縁のものが多数混ざっているように思われた。

K氏はPさんにこう伝えた。

「ええか。葬式に行ったら、死者に過分な情けをかけたらいかんで。でないと、四十九日過ぎて仏さんになる前に悪霊になってまう。悪霊ってのは、未練の念だけに囚われて自分のことしか考えとらん。『助けてくれ。頼む』と縋《すが》りついた相手が倒れても、同じような境遇になっても、知らんぷりや。その人が死んだら、また他の人に憑きよる。負の念を大きくして、ちょっとした供養では、梃子《てこ》でも動かんようになる。

情けは無用。行くべきところへ行って下さい。それだけや。

あとな、葬式から帰って来たら塩で清めるやろ？　あれ、自分の身ばっか清めとって、肝心のお念珠を清めとらんのが問題や。これからちゃんとせなあかんで！　負の念の塊がお仏壇の、家の中にあったんじゃ。どんどん邪気を引き込んでまう。これが元凶。家の中も綺麗な流れにしたらんと、不幸ごとは止まらん」

K氏は説明を終えると、除霊を行った。

念珠の顔はすべて消滅し、Pさんの家で不幸が続くことはなくなったという。

Eさんも、

「この話を聞いてからは、お念珠のお清めを塩でやるようにしています」

とのことである。

二、怪奇行脚

前述のEさんは、愛知県名古屋市を中心に活動しているミュージシャンである。彼女は今から十五、六年前、霊能者のK氏に助けてもらったことがあるそうだ。

Eさんは女性五人でハードロックバンドを結成している。そのコンセプトは〈和〉であり、史実に基づいた日本の歴史を綴《つづ》ってきた。織田信長、森蘭丸をはじめとする歴史上の人物や武将の墓参りの他、処刑場跡、城巡り、血染めの衣や血天井がある寺など、曰くのある展示物を観《み》に行ったり、森家の居城があった岐阜県可児市にある歴史深い古城山へ登り、夜遅くまで過ごしたりして、着想したものを楽曲にしていた。日頃から機材車に乗って、バンドのメンバーとそのような場所を巡っていたという。

機材車は六人乗りのバンだったが、やがて後部座席に乗っていたメンバーが、

「変だなぁ。後ろから、ずっと人の話し声がしとるんだけど」

と、言い出したので、車を停めて後部の荷台を調べたことがあった。もちろん、誰も乗ってはいなかったのだが……。

ある日、Eさんたちは知人の霊能者K氏と飲食することになった。Eさんたちが機材車で迎えに行くと、K氏は車に乗った途端、「なんかうるさいな」と小声で呟いた。

しばらく車を走らせていたところ、K氏が今度は大きな声で言った。

「後ろの……荷台に、なんかおるで」

そういえば、先日、メンバーの一人が同じことを言っていた。そのことをK氏にはまだ伝えていなかったので、Eさんたちは驚いた。

「最近、どこか行ってきたか？」

と、K氏が訊くので、Eさんはつい先日行ってきた場所の説明をした。

「荷台のダンボール箱の中に、服か布か、ないか？　そこから声がする」

バンドのステージ衣装が和装なので、かねてから古着屋で着物や帯などを買っていた。確かにその一部がダンボール箱に入っている。どうやら、その中にある帯締めや腰紐から女の金切り声が聞こえるらしい。他にも大勢の男女の話し声が聞こえるという。

「あんたらが行った先から、どんどん霊を乗っけてきてる。最初に乗り込んだ霊が、この人たちならわかってくれるから、と次々に車に呼び込んだようや。どんどん増えてしまっているな」

ステージで使う造花の紅葉や桜の枝にも、とり憑いているそうだ。

「今はまだ、障りはないが、早いほうがええ。家に帰る前に途中で降ろせ」

途中で降ろせ、と言ったのは、霊のことをである。

K氏と飲食したあと、深夜零時を過ぎてから、人通りがない場所でお祓いをすることになった。機材車にはいつでも思い立ったときに使えるようにと、墓参りセットの線香、紙コップ、水、日本酒、塩などが常備してあるので、必要な物品はそろっていた。

言われた通りに車を四つ辻に停めると、K氏が線香を七本焚いた。念仏を唱えつつ、機材車の荷台から外へと誘導する。K氏はメンバーたちにも指示を出して、四つ辻に線香を置き、水を大量に流すと、無言で機材車に戻った。

「ええか。絶対に後ろを見るな。振り返るな」

Eさんたちはバックミラーもサイドミラーも見ないようにして、車を発進させると、その場から走り去った。このとき、彼女も他のメンバーも、

(まるで大勢いた友達が、一斉に降りていなくなったような……)

勃然と胸に穴が開いたような、無性に寂しい気分になったという。

その後もEさんたちは、曰くのある場所へ赴いていたが、事故を起こしたことは一度もなかった。K氏には、

「あんたたちが日頃から、心を込めて手を合わせとるからや。霊たちもわかって、助けとるみたいやな」

と、半ば呆れ顔で言われた。

この機材車は二台目だったが、走行距離が増えて車検が近づき、手放さざるを得なくなった。新たに中古車を購入するため、インターネットで探すと、手頃な価格で同じ型の車種が見つかった。Ｅさんは買いたいと思ったのだが、販売店のホームページに掲載されていた写真画像を見た、同じバンドのメンバーで双子の妹であるＩさんが、

「後ろの席に女の人が座っとる！」

そう言い出した。

画像を拡大してみると、確かに髪が長くて白い服を着た、現代人の女らしい姿が後部座席に写っていた。顔がぼやけていて、両目があるべき部位には黒い眼窩が空いており、生きた人間には見えない。

「困ったな。事故車だったらどうする？」

「このグレードで、同じぐらいの値段の、同じ型の車を車検の日までに手に入れられるのなら、やめてもいいけど……。もう見つけられない気がする」

「取り敢えず、お店に行って現物を見せてもらって、さり気なく聞いてみようか」

ということになった。

いざ行ってみると、当然、「事故車ではありません」と店のオーナーは言う。同行したバンドのメンバーたちが書類に目を通し、質問している間に、Eさんは気になっていたその車を少し離れた所から眺めてみた。EさんにもIさんにも、何も見えなかった。

実のところ、霊がいようがいまいが、車がなくなるほうが困る。期日を過ぎると、今乗っている機材車を車検に出さないといけなくなるので、どうしても欲しい、という気持ちが上回り、「買おう」と全員一致で決めた。


「乗ってみてもいいですか?」

と、店のオーナーに許可を取り、Eさんは運転席に乗ってみた。Iさんが、女が座っていると思われる後部座席に乗り込む。

じきにIさんが「人の気配がする。空気がどんよりと重い感じがしてきた」と眉を曇らせた。何かが見えたわけではないが、Eさんは声に出して話しかけてみることにした。

「私はこれから、この車の持ち主になります。私たちは歴史のかけらを集めに処刑場跡やお城、お寺などに行きます。この車には、これから落ち武者や軍人や花魁《おいらん》の霊も乗り込みます。このまま乗っていて下さってもかまいませんし、どこかもっとお気に入りの場所で、お好きなときに降りて下さってもかまいません。よろしくお願いします」

そして下取りに出す二台目の機材車に積んであった荷物――あれからK氏の制止も聞かず、また買い集めた曰くつきの着物や血糊がついた慰問袋が入ったダンボール箱――をこの車に積み替えた。

古い機材車に感謝と別れを告げ、三代目の機材車に乗り込んで走り出すと、

「あっ、いなくなった！」

Iさんが明るい声で言った。女の気配や重苦しい空気が急になくなって、すっきりした気分になったそうである。

三、熱海の海岸

Eさんのバンドが昔、静岡県熱海市へライブに行ったときのことである。メンバー全員で街灯が点いた夜の海岸沿いを歩いていると、妹のIさんが、

「あそこに顔があるよ！」

と、岩場を指差した。

Eさんがそちらを見ると、確かに巨大な人間の頭部がある。白く光る、彫りの深い男の顔らしい。岩壁から突き出しており、目を見開いて海のほうを眺めている。その大きさは頭頂から顎までの長さが五メートルを超えており、横幅は二メートルほどあるようだ。

「本当だ！　顔だ！　顔があるわ！」

メンバー全員がそれを確認した。

しばらく観察をしてみたが、巨大な顔はこちらを向くこともなく、暗い海の彼方を凝視している。

「あれ、造り物じゃない？」

「そうだね。全然動かんもんなぁ」

岩に掘られたものだろう、と思い、その夜は宿へ引き揚げた。

翌朝、散歩をしようとそこを通ると、昨夜見た男の顔はどこにもなかった。

（もしもあの顔が私たちのほうを向いとったら、どうなっとったんだろう？）

Eさんは何となく、そんなことを考えて、寒気を覚えたという。

漁村の親戚

G子さんの母親は、宮城県の三陸海岸のある島で生まれ育った。四人兄弟の末っ子で、長兄、次兄、姉、母親の順番である。

G子さんは幼い頃から、年に一度、盂蘭盆会《うらぼんえ》の頃になると、決まって母親の実家へ遊びに出かけていた。周りの島は岩山だらけだが、そこは美しい白浜がある漁村であった。母親の実家は網元ではなかったものの、古くて大きな家なので、大人数でも泊まることができる。親族が集まって、海で泳いだり、墓参りをしたり、盆踊りに参加したりしながら、楽しく過ごしていたという。

庭には古井戸があって、縄でバケツを下ろして水を汲んだり、西瓜《すいか》を本土から買ってゆき、井戸の水中に沈めて冷やしてから食べたりした。敷地内には蔵があり、母屋の壁にはゼンマイ式の大きな古時計や額に入った先祖代々の写真が掛けられ、日本刀や鳥獣の剥製が飾られていて、G子さんは興味を掻き立てられたそうだ。

伯父や伯母――母親の兄や姉――にもそれぞれ子供がいて、従兄弟はG子さんと弟も含めて都合十人いた。皆、各親のことを〈Nちゃんのおっちゃん〉とか、〈Yちゃんのおばちゃん〉などと呼んでいた。NやYは従兄弟の名である。

さて、その家では毎朝、女親たちが集まって、小学校の給食室で使われているような大きな寸胴鍋で味噌汁や惣菜を作り、御飯とともに出してくれた。大人と子供で二十人ほどいたが、座卓をくっつけて一緒に食べた。

朝食を食べ終わると、男親のいずれかが子供たちを全員連れて、白浜の海辺へ泳ぎに行く。その間に女親たちは家の掃除や畑の手伝い、昼食や夕食の準備をすることになっていた。

G子さんたちが海へ行くと、いつも従兄弟の誰かしらの〈おっちゃん〉が、砂浜で遊んでくれたり、沖へ行かないように海へ一緒に入ってくれたりして、何かと面倒を見てくれていたという。

当然のことながら、その中でも母親の兄である〈おっちゃん〉と、G子さんの父親のように婿に入った〈おっちゃん〉では顔立ちが異なる。母方の伯父も伯母も、そっくりな顔立ちをしていた。既に亡くなっていた祖父とよく似ているらしい。そしてそのような顔をした男性は、本来ならば母親の実兄である伯父二人しかいないはずだが、G子さんの記憶の中には、どういうわけか、もう一人、祖父によく似た〈おっちゃん〉がいたという。

母親の兄弟のはずでありながら、長兄でも次兄でもない。長兄と同じくらいの年齢に見え、どの従兄弟の親でもない人物であった。G子さんは、海での素潜りの方法はその〈おっちゃん〉に教えてもらったのだという。

海ではプールと違って、自然と身体が浮いてきてしまうので深く潜ることは難しい。けれども、G子さんは今でも上手に潜ることができる。それは「絶対に、あの〈おっちゃん〉が教えてくれたおかげ」なのだと信じているそうだ。

ただ、その〈おっちゃん〉は〈いるのが当たり前〉の存在だったので、敢えて誰かに確認したことはなかった。

それが誰だったか、気になり始めたのは、中学生になってからのことである。

G子さんの年上の従兄弟たちは、大学受験を控えた者や高校生になった者がいて、年々、夏に集まる者たちが減ってきていた。その年の夏、島に集まったのは、G子さん一家と伯母の家族のみであった。

(昔は良かったなぁ。みんなで泳いだり、島に一軒しかない駄菓子屋で、花火を買って遊んだり、楽しかったのになぁ)

G子さんは海辺のパラソルの下で、そんなことを考えていた。そしてふと、

（そういえば、私に素潜りを教えてくれた〈おっちゃん〉って、誰だったんだろう？）

という疑問を抱いた。気になったので一緒に遊んでいた弟や従兄弟たちに「ねえ。あの〈おっちゃん〉のこと、覚えてる？」と訊いてみたそうである。

弟がすぐさま答えた。

「うん。いたよね、もう一人。お祖父ちゃんの血を引いてる〈おっちゃん〉がいたよね」

「ああ……。そういえば、いたね！　覚えてるよ！」

二人の従兄弟も頷いた。ただし、誰の親だったのか、どんな関係の人なのかはわからない、という。

子供だけで話していても埒が明かない。そこで翌朝、祖母や両親、伯母夫婦がいる前で訊いてみた。

「昔、謎の〈おっちゃん〉がいたよね？　お祖父ちゃんによく似ているから、お母さんや伯母さんの兄弟だよね？」

すると、母親や伯母は、

「何それ？　そんな人、いないわよ」

「昔から四人兄弟よ」

まったく取り合ってくれなかった。他の親戚にも該当する人物はいないという。

だが、祖母だけは違っていた。急に涙で目を赤く腫らしたかと思うと、

「Tが産まれる一年前に、産まれてすぐに亡くなった子がいる。それでねえか？　男だったし……」

と、教えてくれた。Tとは長兄の伯父のことである。

赤子の頃に亡くなったという話だが、G子さんたちが知っている〈謎のおっちゃん〉は、母親よりも明らかに年上に見えた。

（亡くなってからも、兄弟と一緒に成長してきたのかな？）

G子さんはそう思うようになった。

のちに島の先祖代々の墓を移築した際に、祖母は新しい水子供養の地蔵を墓の隣に設置した。その〈おっちゃん〉を祀ったものである。

また、大人になってから他の従兄弟たちにも確認してみたが、やはり誰もが、

「うちの親は……五人兄弟だよね」

と、思い込んでいたことがわかった。

ちなみに、G子さんは中学生のときに〈謎のおっちゃん〉が誰なのかわからないことに気づいてからというもの、一度も彼の姿を見ていない。

新潟の海にて

群馬県在住の女性Bさんは、五歳から七歳にかけて毎年夏になると、父親や父方の親戚たちと新潟県へ海水浴に出かけていた。その海辺は大勢の海水浴客でにぎわう広い砂浜だけでなく、岩場の先に小さな砂浜があって遊泳ができる。Bさん一行はそこにテントを張って、二泊三日のキャンプを行っていた。他の海水浴客がいなかったので、プライベートビーチも同然だったという。

Bさんがそこへ行くと、砂浜の突き当たりに崖があって、下のほうにいつも若い女が一人、立っていた。三年連続で出会ったそうだ。髪が長く、夏の浜辺だというのに、真っ黒な長袖のワンピースらしき衣服を着ている。こちらから近づいたことはなかった。決まって同じ場所に立っているので、子供心にも不思議に思い、父親に、

「あの小母さん、ずっとあそこにいるね」

と、言ってみたが、父親は小首を傾げた。彼には女の姿が見えていなかったのである。

Bさんが七歳の夏、同じ海辺でキャンプをしていた晩に、五、六人の子供同士で肝試し

をすることになった。東京から来た従兄のMがリーダー格である。

「昼間、あの崖の下に人数分の空き缶を置いといたんだ。一人ずつ行って、それを取ってくることにしよう」

Mが崖のほうに懐中電灯の光線を向けながら、ルールを説明した。

テントは大人用と子供用が張られていて、子供用のテントから崖までの距離は百メートル程度。大した距離ではないが、真っ暗だったし、子供なので怖かった。

「あたし、行きたくない！　やめようよ！」

Bさんは泣きじゃくって嫌がり、皆を止めようとした。

だが、普段は優しいMが、なぜかこのときばかりは怒鳴り出した。

「絶対に行けよ！　缶を取ってくるんだ！　やらない奴とは、もう遊んであげない！」

他の子供たちは懐中電灯を持って、順番に空き缶を拾って帰ってきた。

Bさんの番になる。テントから離れて、何とか三、四十メートルほど崖に向かって歩いた。常に昼間は崖の下に砂浜があった。そこまで行かなければならない、と思っていた。

崖の下にはいつも通り、黒い服を着た女が立っている。カンテラでも持っているのか、全身が光っていて、ゆっくりと手招きを始めた。Bさんは何となく怖くなって、缶を取らずにテントへ戻った。ほとんどの子供たちが起きていて、Bさんの帰りを待っていてくれたのだが、Mはテントの中で既に眠っていた。

（M兄ちゃん、あたしのことで怒って、先に寝ちゃったのかな？）

Bさんは急に悲しくなってきた。泣きながらテントに入って横になったが、なかなか眠れない。隣のテントにいる大人たちは全員起きていて、酒を飲んで騒いでいる。それも夜中にはお開きになり、波の音しか聞こえなくなった。

やがて砂を踏みながらこちらに近づいてくる足音が、ザクザク、ザクザク……と聞こえてきた。足音がテントのぐるりを回り始める。

（あっ、あの女の人が来たのね）

テントは出入り口が二ヶ所あり、ナイロンの戸と網戸の二段式になっている。このときは通気用の網戸のみを閉めていた。

窓の前で足音が止まる。チャックが下ろされる音がして、網戸が開いた。「起きて！」

Bさんは慌てて皆を起こそうとしたが、誰も起きてくれなかった。

いつの間にか、夜空には月が懸かっていた。月光を浴びて、人影がテントに入り込んでくる。Bさんは横向きに寝ていたので、寝返りを打つと、女の姿がはっきりと見えた。長袖の黒いワンピースだと思っていた衣服は、黒い靄《もや》のようなものであった。靄が女の胴や手足の周りで蠢《うごめ》いている。長い黒髪も靄のように見えた。

女が笑いかけてくる。にたにたと、気味の悪い笑みであった。

「さあ、おいで……」

アルトの声が響く。

Bさんは初めて女のことを畏怖した。ぶるぶるぶるぶるっ、と震え上がった直後、記憶が途絶えたという。


目が覚めると、辺りは明るくなっていた。皆が外で遊んでいる。

Bさんはテントを出た。足元が少しふらついたが、自力で歩くことができた。崖のほうへ行ってみると、大人のものと思われる大きめの足跡が続いており、その先は海になっていた。昨夜まで崖の下は砂浜だと思っていたが、今は海が広がっている。五十メートルほどの幅がある湾になっていた。

（あそこは、前から砂浜だったはずなのに……）

Bさんは目の前の光景が信じられなかった。従兄のMに訊いてみた。

「M兄ちゃん、昨日、あの崖の下に空き缶を置いたんじゃないの？」

「……何言ってるんだよ？　あそこはずっと海だったじゃんか」

Mは崖よりもかなり手前の、砂浜から突き出た岩の上に空き缶を置いていた、と主張した。Bさんが記憶していたこととは異なっている。また、昨夜先に寝ていたのは怒っていたからではなく、急に眠くなってきて、どうにも我慢ができなかったためだという。

Bさんは二年前から、崖の下には砂浜があるものとばかり思っていた。

（あの女の人は？）

いつも崖の下にいた女の姿はなくなっていた。昨夜、崖の下まで行けば、海に落ちて波に攫《さら》われていたことだろう。Bさんは震え上がった。

そして実は、毎年のようにこの場所では少数ながら溺死者が出ており、新聞に載ったこともある。のちにそのことを父親から聞かされて、また震駭《しんがい》したそうだ。

（きっと、黒く見えるのは悪いモノで、ついていったり、近づこうとすると、殺されちゃうんだろうな）

子供ながら、そう考えるようになった。

中学生になって、海は干潮と満潮によって水位や範囲が相当変動することを知った。それで崖の下が砂浜だったのは干潮時で、海になっていたのは満潮時だったのではないか、と思うに至った。

しかし、二十歳のときに同じ場所へ仲間たちと海水浴に行ってみた。景色は昔とさほど変わっていなかったが、例の崖の下は一日中、海のままで、干潮時でも砂浜になることは一度もなかった。この日、Bさんは岩場で足の裏を大きく切ってしまい、歩くのも困難な状態で帰路に就くこととなった。

（あれは、思い出してはいけないし、検証してもいけない話だったのね）

と、確信した。それでこの話は何年もの間、誰にも話さずに黙っていたそうだ。

けれども、二〇一九年の秋、Bさんは私、戸神重明が主催する「高崎怪談会18」に参加して下さった。そして私や他の参加者の話を聞くうちにどうしても御自身の体験談を語ってみたくなり、この話を披露して下さったのである。

だが、Bさんはその後しばらくの間、体調不良に悩まされたという。

リュウキュウマツ

昔、沖縄県北部に風光明媚な海岸があり、リュウキュウマツの大木が一本生えていた。そこは地元の人々が集う憩いの場となっていたが、その反面、松の下に洞窟を利用した古い墓と、龕屋《ガンヤー》跡（龕は昔の霊柩車のことで、龕屋はそれを保管する建物のこと）があった。松の根が墓まで突き出していたことから、

「根っこが墓を壊すので、松を伐るべきだ」

と、村の青年会長が訴えていた。

ただ実際には、景色が美しい海岸に若い男女が夜な夜な訪れてふざけ合うのが、独身で恋人もいない青年会長には面白くなかったらしい。彼が村長に訴えたので、何度も集会が行われた。青年会長は村長を味方につけて頑張ったが、反対意見のほうが多く、思うさまにはならなかったという。

業《ごう》を煮やした青年会長は我慢ができず、青年会の年下の若者たちを引き連れて強引にかの松を伐り倒してしまった。数日後、彼らは全員、高熱を発して寝込んだ。医師が検査をしても、原因はよくわからなかった。

とくにひどかったのが、伐採の指揮を執った青年会長で、

「松の精が、死人を連れて、毎晩、寝床まで押しかけてくる……」

と、母親に告げたが、日ごとに容態が悪くなり続けて、寝込んでから七日後に突然亡くなってしまった。

他の青年会の若者たちは、徐々に回復していったのだが……。

青年会長の初七日が行われた翌日、今度は村長が自宅で高熱を発して唐突に倒れた。こちらも、

「松の精が、死人を連れて、毎晩、寝床まで押しかけてくる……」

同じことを家人に話していたが、原因不明のまま、三日後に死亡してしまった。

そのため、松の精がどんな姿をしていたのかは不明のままである。

ちなみに、当時は二〇二〇年現在のように疫病が流行していたわけではなかった。

村人たちは、松の祟りに違いない、と恐れるようになり、件《くだん》の海岸には近づかなくなった。時が流れて、この海岸沿いの道路を拡張し、リゾート開発を行う計画が持ち上がったが、村人たちの猛烈な反対があって中止になった。そこは今も手つかずの状態で残されている。

ロンドン、テムズ川

大阪府在住のS子さんは二十代の頃、当時交際していた彼氏とイギリスへ旅行に行った。ロンドンの観光地を巡り、有名な時計台のビッグベン（本来はウエストミンスター宮殿の時計台にある鐘のことだが、現在は時計台そのものの呼び名にもなっている）を臨む橋までやってきた。橋の下をテムズ川が流れている。

「ちょっと川沿い歩いてみやへん《みない》？」

S子さんの提案に、彼氏が頷く。

テムズ川沿いには遊歩道が続いている。二人は写真を撮りながら、そこをゆっくりと歩いていった。川の水は濁っていて見るからに不浄な感じがするが、周囲の建物などの景観は歴史を感じさせて風情に富んでいる。休日の朝だったせいか、二人の他にはほとんど人通りがない。それもまた気分が良かった。

やがてS子さんは背後に人の気配を感じた。足音や息遣いが聞こえたような気がしたが、振り返ってみても、誰もいない。

（気のせいかな？）

初めはさして気にしていなかった。せっかく来ているのだから、もっと観光を楽しみたい、という気持ちが勝っていたそうである。

だが、その気配は少しずつ、二人に近づいてきていた。立ち止まって写真を何枚か撮っていると、たちまち距離を縮めてきた気がした。

S子さんが堪らなくなって振り返ると、十メートルほど離れた位置に、今度は相手の姿がはっきりと認識できた。

それは背丈が優に二メートルを超える大男で、黒いフードつきのマントを着ていた。深々とフードを被り、双眼が完全に隠れている。年齢は五十代後半くらいだろうか。サンタクロースのような白髪混じりの口髭を長く伸ばしていた。

（タッちゃんを怖がらせたらアカン）

タッちゃんというのは、彼氏の渾名《あだな》である。以前から〈見える人〉であるS子さんは、躊躇してなかなか切り出すことができなかった。

（もう近づいてこんといて！）

S子さんは心の中で念じてみた。

しかし、大男は両足を動かすことなく、地面を滑るように近づいてくる。よく見れば、足がわずかに空中に浮かんでいた。口元に笑みを浮かべると、両手を一杯に広げた。

もらったぞ！　とでも言いたげな仕草であった。このとき、S子さんたちとの距離は三メートルほどしか離れていなかった。

「もう限界やわ！　ここにおったら危ない！」

「えっ？」

彼氏は呆気に取られている。

「早く早くっ！　逃げるよっ！」

「何のことなん？」

「ええから逃げるよっ！」

彼氏の背中を押しながら走り出す。彼氏もわけがわからないまま、首を傾げて走り出した。あとになってわかったことだが、彼氏には間近にいる大男の姿が見えていなかったのだ。幸い、黒いマントの大男が追いかけてくることはなかったという。

当時は知らなかったのだが、テムズ川は自殺者が多く、とくにその界隈から川に飛び込む者が跡を絶たない、とのちに聞いて、S子さんは愕然とした。大男が何のために近づいてきたのか、多発する自殺と関連があるのか否か、何もわからない。ただ、もしもあのとき、汚く濁ったテムズ川に引き摺り込まれていたら、どうなっていたのか——それを思うと、S子さんは今でも身震いすることがあるそうだ。

水路の魚

中部地方に住む四十代の女性Hさんが、小学六年生だった頃の話である。昨今では、コイは帰化動物とされ、放流による生態系の破壊が問題視されているが、当時はそんなこともなく、彼女の故郷では役場と町内会が協力して、川に多数のコイを放流していた。その川はコンクリートの二面張りで、広い場所でも幅二メートル程度。道路や橋の下を通る暗渠《あんきょ》もあって、どちらかといえば〈水路〉と呼ぶのがふさわしかった。

この水路沿いに保育園があり、道路の向かいには小さな神社があった。竹林に囲まれ、神主が常駐せず、参拝に訪れる者も少なかった。水路は道路の下を通って神社の裏手も流れており、小さな木造りの橋が架けられていた。そこは子供たちが給食のパンを残してきてはコイに投げ与える場所になっていた。コイたちはいつも勢いよく集まってくる。それが楽しみで見物する者が多かったという。

マゴイとヒゴイとニシキゴイがいて、誰が放したのか、ソウギョも二尾いたそうだ。ソウギョとは中国産の外来魚で、コイ科の魚だが口髭がなく、細長い体型をしており、コイよりも大きくなる。

Hさんの父親は釣りが趣味で、淡水魚にも海水魚にも詳しかった。Hさんも一緒に釣りに行っていたので、その頃の女子としては珍しく、魚の種類をよく知っていた。

さて、ある日。

Hさんは学校帰りに共働きの両親に代わって、保育園へ弟を迎えに行った。帰途、弟が「コイを見たい」と言い出したので、神社の裏手の橋へ足を向けた。

珍しく他に見物人はいなかった。たまたま給食のパンを残していたHさんは、それを千切って水面に投げた。コイの群れが集まってくる。二尾のソウギョもやってきた。

と、そこへ――。

これまでに見たことがない奇妙な姿をした魚が、橋の下から悠々と顔を覗かせた。体長六十センチはあったろうか。全身が墨色をしていて、鰈《かれい》や鮃《ひらめ》のように扁平な魚である。ただ、頭の横幅が広いだけで胴はもっと細長い。小さな目と目が離れて頭の上部についている。コイやソウギョではないし、ナマズやライギョとも違う。

Hさん曰く、

「今思えば、身体の形はマゴチに一番似ていた気がします。でも、マゴチは海や汽水に棲む魚だから、あんな内陸の水路にはいないですよね」

とのことである。興味を覚えたHさんは、

「ほら、変な魚がいるよ」

弟に指で示して、一緒に橋の上にしゃがみ込んだ。

その魚が水面から顔を出す。やけに大きな口を開けると――。

ぶおおおおおお……。

口から法螺貝《ほらがい》を吹くような低い音が長々と響いてきた。

「何だろ、この音？」

こんな魚がいるとは思わなかったので、Hさんは余計に興味を掻き立てられた。しかし、その魚はパンを口に入れると、暗い橋の下へ潜ってしまった。

「見えなくなっちゃったね」

「うん。もう一度、出てこないかな」

二人が水面を見つめていたところ――。

「こらっ、おまえらっ！」

雷のような大声が響いた。顔を上げると、神社から神主らしき出で立ちをした初老の男が走ってきて、いきなり二人の頭を拳骨で一発ずつ殴りつけた。弟は泣き出してしまい、Hさんも驚いた。

「乱暴な！　何も、殴らなくても……。ちょっと魚を見ていただけなのに！」

「見たら駄目なもんもあるんだっ！　もう帰れっ！」

神主らしき男は眉を吊り上げて怒鳴った。取りつく島もない、とはこのことだ。

Hさんはやむを得ず、泣き喚《わめ》く弟を連れて、その場から離れることにした。だが、あまりにも理不尽で悔しかったので、途中で立ち止まった。

（くそじじい！）

と、叫んでやるつもりで振り返ると、神主らしき男はまだこちらを睨んでいた。

しかし、その姿が何やらおかしい。胸の辺りから下が透けているようで、後ろの景色が見え隠れしているのだ。何であんな風に見えるのだろう？　とHさんが不思議に思っていると、男の姿が足のほうから消えてゆく。最後まではっきりと見えていた顔も消えた。

「ああっ！」

狼狽したHさんは、弟を抱きかかえるようにして家まで逃げ帰った。

そういえば、あの神社に神主がいるところを見たことは、それまで一度もなかった。その後、他の見物人がいるときを見計らって、何度もあの橋へ行ってみたものの、例の奇妙な魚と神主を目にすることはなかった。

弟も当時は幼かったが、よほど悔しかったようで、このできごとをよく覚えており、今でも神職はもちろんのこと、僧侶や牧師なども大嫌いで、憎んでいるという。

黒猫

N子さんは福岡県糸島半島の某町で生まれ育った。彼女の実家は田舎にあるため、狭いながらも〈お座敷〉と呼ぶ部屋があり、〈お坪〉と呼ぶ中庭に面していた。

N子さんが小学一年生の夏。彼女はお座敷で、向かいの家に住む中学生の従姉と寝そべっていた。子供の頃にはお互いの家を毎日のように行き来していたのである。N子さんは絵を描き、従姉は宿題をしていた。従姉が使っていた赤いチェック柄の筆箱には、マジックで『THE BEATLES』と文字が入っていた。

「何て書いとうと?」

「ビートルズ」

ビートルズが一世を風靡《ふうび》していた、そんな時代のできごとである。

しばらくして、夏の昼下がりだというのに、お座敷が急に薄暗くなってきた。

何だろう? とN子さんは絵を描くのを中断した。雲が移動したためらしいが、上体を起こして何気なく、お坪のほうに目を向けた。

すると、そこに巨大な黒猫がいた。二本足で立っている。身の丈は当時のN子さんよりも大きく、従姉と比べればやや小さいほどであった。それが人間のように二足歩行で、お坪の右側から左側へ歩いてゆく。前足二本は前に垂らしていた。途轍もなく長い尾が、蚊取り線香のように幾重にも渦を巻いている。

N子さんはびっくりして大声を上げていた。

「どうしたん?」

宿題をしていた従姉がノートから顔を上げて訊いてきた。

「猫が……」

N子さんはお坪のほうを指差したが、猫は既にいなくなっていた。N子さんは従姉に説明することは控えた。子供心に、今見た光景が夢だったのか、現実だったのかわからず、話す気にならなかったそうだ。今回、私、戸神の取材に応じるまで、誰にも話さないまま、記憶の片隅に残り続けていた話なのだという。

その後、N子さんの一家は福岡市内に引っ越した。糸島半島の某町の家には母方の祖母が一人で残ることになった。道を挟んだ向かいに祖母の長女に当たる伯母の家がある。N子さんの母親は三女であった。やがて祖母が亡くなってしまうと、空家は伯母が管理してくれることになった。

N子さんが高校生のときのこと。

その田舎町の祭りに、母親が手伝いに行くことになった。福岡市内の家の近所にQさんという、母親と仲の良い女性が住んでいた。Qさんから、田舎の祭りを見てみたい、と頼まれたことから、母親はQさんとその幼稚園児の娘を郷里へ連れていった。そして三人で空家になっていた家に泊まることになった。

その夜、母親とQさんは床を並べて世間話を始めた。Qさんの娘は既に眠っている。ところが、寝息を立てていた娘が不意に起き出すと、室内の一点を指差した。

「あそこから、黒い服の小父さんが下りてきた」

「何、寝ぼけとうとね？」

Qさんが笑う。

けれども、母親は背中にぞくりと寒気が走るのを感じたそうだ。

Qさんの娘が指差した先には、かつて二階へ上がる階段があったからである。

N子さんもそこに階段があったことを覚えていた。しかし、引っ越す前に階段は外されて、二階は封鎖されていた。N子さんには三つ年下の妹がいるが、彼女でさえ、階段があったことは覚えていないという。初めて来た子供が階段と二階の存在を知っているはずがないのだ。

おまけにそこへ、どこからか、ニャーン……ニャーン……と猫の鳴き声が聞こえてきた。

母親はすっかり竦み上がり、

「この家には、泊まらんほうが良か」

怪訝な顔をしているQさんとその娘を急《せ》き立てて、逃げるように伯母の家へ行き、泊まらせてもらったという。


祭りが終わると、母親とQさん母子は福岡市へ帰ってきた。帰宅するなり、母親がこのできごとを話し始めたので、N子さんは疑問を口にした。

「あの家、何で階段を外したと？」

「二階で青い火の玉が飛んだり、白い壁一面に、黒い猫の首が浮かび上がったことがあったりしたから、二階を使うのをやめたんよ」

また、N子さんが生まれる前のこと、お座敷の隣にある納戸で父親が昼寝をしていたのだが、ひどく魘《うな》されていた。母親が呼び起こしてやると、

「夢にこの部屋が出てきて、俺はやっぱり寝てるんやけど……。そこへ黒くて大きか猫が二階から下りてきて……その猫が胸の上に乗ってきて……」

と、父親は苦しそうに答えた。

あの家には黒猫に関する曰く因縁があったようで、母親は他にもさまざまな目撃談を語ってくれたが、当時のN子さんはそこまで怪談にのめり込んでいたわけではなかった。怖かったこともあって、話をしっかりと聞いておらず、忘れてしまった話も多いという。今では、ちゃんと聞いておけば良かった、と後悔している、とのことだ。

蛇の虹彩《こうさい》

二十代の女性Wさんが、十七歳の頃に経験した話である。彼女は毎日列車に乗って高校へ通学していた。地方のローカル鉄道で、列車といっても二両しかない。毎朝同じ時間に乗って、大抵、車内の同じ位置に立っていることが多かった。そのため、挨拶もしたことがないが、顔だけは知っている乗客が少なからずいたという。

ある朝、車内で何気なく横手に視線を向けると、少し離れた位置に若い男が立ってこちらを見ていることに気づいた。華奢な身体つきをした色白の男で、顔立ちは並みの下といったところか。同い年くらいに見えるが、高校の制服は着ていなかった。視線が合うと、男は慌てた様子もなく、ゆっくりと目を逸らせた。

それから毎朝、決まって車内でその男の姿を見かけるようになった。いつも同じ服装で、水色のシャツを着て、紺のジーンズを穿いている。何度か視線が合ったことがあるが、男は同じようにゆっくりと目を逸らす。Wさんが列車に乗ると、既に乗っていて、彼女が降りるときもまだ乗っている。

そんなことが十日間続いた。その間に、

「ねえ。最近、電車にちょっと変わった人が乗ってるよね、毎日同じ服を着た……」

同じ列車で通学している同級生のJ子に訊いてみたが、

「えっ？　そんな人、いる？　私、見たことないんだけど」

と、怪訝な顔をされた。


十一日目。その日はJ子が風邪を引いて学校を休むことになった。Wさんが独りで列車に乗っていて、何気なく横手を見ると、同じ男が立ってこちらを凝視している。吊り革に掴まって、身体ごとWさんのほうに向けていた。

（またあの人だ。いつもあたしのことを見て、何か用でもあるのかしら？）

気になったので、男の目を見返すと、これまでとは違ってなかなか視線を逸らそうとしない。しかし、話しかけてくることもなかった。

（嫌だ。何だか気持ち悪い）

Wさんは堪らず視線を逸らせた。降りる駅まではまだ三駅ある。Wさんは珍しく、別の車両へ移動した。その途中で一度振り返ると、男は身体を車窓のほうに向けていて、こちらを見てはいなかった。

少し安堵して車両を変える。吊り革に掴まって車窓から景色を眺めて、心を落ち着かせようとした。山が近づいてきて、列車がトンネルに入る。

外が真っ暗になったとき、車窓にあの男が映っていた。Wさんの真横に立っている。切れ長の目が、窓ガラスを通してこちらをじっと見つめていた。口元に笑みを浮かべている。

「きゃあっ！」

悲鳴を上げて横を向くと、男はそこにいなかった。車窓にもその姿は映っていない。

周りの乗客たちが目を見開いて彼女を見ていた。

「ごめんなさい……」

ひどく恥ずかしかった。ずっと俯いて、降りる駅まで我慢しなければならない。駅に着いて、列車を降りてから隣の車両を窓越しに覗くと、あの男の姿は見当たらなかった。

（変ねえ……。見落としたのかな？）


その夜のこと。

自室のベッドで眠っていたWさんは、寒さを感じて目を覚ました。掛けていたはずの布団が捲《めく》れて床に落ちている。

そしてオレンジ色の豆球だけを点けた薄明るい室内に、何者かが立っていることに気づいた。電車の中で会う、あの若い男である。男はにやりと笑って近づいてくると、Wさんが着ていたパジャマのボタンを外し、キャミソールを捲り上げて、白い肌を露出させた。

(やだ！　やめてっ！)

抵抗しようとしたが、身体が動かない。間近で見ると、切れ長だったはずの男の双眼は丸く、虹彩——黒目に当たる部分で瞳の周り——が真っ赤に光っていた。細くて長い舌が唇の間から、しゅっ、しゅっ……しゅるしゅるっ……と音を立てて出入りしている。

(蛇だっ！)

男がWさんの乳房や腹に噛みついてきた。激痛と恐怖から、彼女は気を失ってしまう。

朝になって気がつくと、男はいなくなっていた。Wさんは布団を掛けてベッドに寝ており、着衣の乱れもなかった。

(夢だったのかな……？　ああ、良かった……)

安堵の溜め息を吐くと、少し涙が出てきた。とはいえ、不安もある。今日もあの男がいる列車に乗らなければならないからだ。どうにも気が重くなってきて、その日は、

「風邪を引いたみたい。頭が痛いの」

と、両親に嘘を吐いて学校を休んだ。

だが、本当に頭痛がするわけではないので、朝食を食べてから自室でベッドに横になり、

読書をしていると――。

突然、胸や腹に電気が走るような激痛を感じた。じっとしていられずに起き出してパジャマとキャミソールを脱いでみると、痛みを感じた部分に青痣ができている。ぶつけた覚えはないので、心当たりがあるとすれば、あの男に噛まれたことだけであった。

(夢じゃなかったのかしら……?)

痛みは少しずつ治まってきたが、その夜もWさんが寝ていると、あの男が現れた。パジャマと下着を剥ぎ取られ、丸裸にされて身体のあちこちに噛みつかれた。そして朝まで気を失ってしまう。

気がつけば、パジャマや下着は着ているし、布団も掛けて仰向いている。夢かと思うが、学校を休むと、身体中に激痛が走り、赤や紫、青などの大きな痣が無数にできていた。恐ろしくなって、痣のことだけは母親に話すと、心配して病院へ連れていってくれた。

医師からは「帯状疱疹《たいじょうほうしん》だろう」と診断された。病中病後、何らかの手術を受けたあとなどにウイルスに感染したことで発症する病気である。もっとも、五十歳以上の者が発症しやすい。

抗生物質入りの薬を処方され、痣に塗って治療したが、なかなか治らなかった。帯状疱疹は進行すると痣が水膨れとなって、それが潰れると皮膚が火傷を負ったような状態になり、大変な痛みを伴う。

Wさんの場合、水膨れはできなかった。ただ、痣が消えるどころか、毒が回ったかのように全身へと広がってゆき、しかもどす黒く変色してきたのだ。無事なのは顔だけ、という有り様であった。さらに痣と痣の間には割れ目があり、まるで蛇の鱗のように見える。

そのことに気づいたWさんは、

（ああ……。あたしはもう、元の身体には戻れないのかもしれない）

と、何度も死にたくなったという。


しかし、医師に診てもらっても一向に良くならないことから、Wさんは痣が発症してから七日目の夜に、あの男にされたことをやむなく両親に打ち明けた。両親は青ざめた顔をして話を聞いていたが、父親の親戚の知り合いに拝み屋がいるそうで、翌日、そこへ連れていってくれた。

拝み屋は五十代の男性で、片田舎の道場のような家に住んでいた。

お祓いの詳しいやり方は秘密、とのことなので省略するが、男性は祝詞《のりと》のようなものを読み、Wさんに顔を近づけてきて視線を合わせた。

間近で見ると、彼の目は丸く、虹彩が真っ赤に光っていた。

（人間の目じゃない！）

Wさんはその虹彩に圧倒された。あの男と同じ、蛇の目をしていたそうだ。

男性はお祓いを終えると、本来の〈人間の目〉に戻って、

「死んだ男が、あなたのことを好きになってやったのだ」

と、原因を説明してくれた。

Wさんと両親は、男性から水が入った瓶を渡されて帰った。Wさんがその水を飲むと、翌日から痣は引き始めた。三日ほどですっかりなくなって、肌は綺麗になったという。

その後、通学で列車に乗っても、あの男の姿を見ることはなくなった。死んだ男と蛇がどのように関係していたのか、それは拝み屋の男性も説明してくれなかったし、Wさんや両親にもわからなかったそうである。

無視したい男たち

「ロンドン、テムズ川」の体験者でもあるS子さんが、お茶などを梱包《こんぽう》する大阪府内の会社に勤務していたときの話である。

ある日、彼女は平素とは異なり、一人だけ印字の作業を任された。広々とした作業場に紙の擦れる音が響き渡る。どことなく、空気がどんよりとしていた。

(何だか嫌な部屋やなぁ)

場所との相性が悪い気がする。

それでも作業を進めてゆくうちに、現場の空気がさらに重くなった。

誰かに見られている——そう感じたS子さんは、出入り口とは逆に当たる右の方角を見上げた。そちらに何となく、人の気配を感じたからだという。

すると、長めの髪を茶色に染めた、醜い顔をした若い男が高さ五十センチほど空中に浮かんで、こちらをじっと見下ろしていた。S子さんは驚いたが、この類いの現象には慣れている。襲いかかってくる気配はないので、まだ仕事をこなせる範囲だな、と判断した。

そのまま無視を続けていたが、少し経つと気になってきた。右手を見れば、最初に見たときよりもこちらに近づいてきている。

それからは右手を見る度に、男が少しずつ接近してきていた。S子さん曰く、子供の頃に遊んだ『だるまさんが転んだ』を思わせる状況だったという。

そして初めは若い男だと思っていたが、実は五十がらみの男だということに気づいた。あばただらけの肌が、より不気味な形相に見えてくる。次第に怖くなってきて、これからどうしたらいいんだろう、と思い始めたときに、同僚の女性社員が作業場に入ってきた。

（ああ、いいところへ！）

醜い男は同僚の後ろに浮かんで静止した。S子さんは今の状況を説明したかったが、気づいていない同僚を怯えさせるのも気が引ける。そこで少しでも長くいてもらえるように、懸命に会話を続けた。だが、何も知らない同僚は用件が終わると、

「ごめん！　もう戻らなアカンから。またね！」

会話を切り上げて作業場から出ていった。

男がスローモーションのように動き始める。S子さんから二メートルほどの距離まで近づいてきた。

もう限界だわ、仕事を中断して逃げるしかない、と思った、次の瞬間であった。

昼の休憩を告げるチャイムが鳴り響く。それと同時に男の姿が消え失せた。

休憩が終わって、不安な気持ちを抱えながら作業場へ戻ると、午前中のどんよりとしていた空気が一転して、清々《すがすが》しく感じられたという。

その後、夕方まで快調に仕事は進んで、終業のチャイムが鳴った。更衣室へ行こうとすると、別の作業場にいた同僚の女性Cさん——昼間の同僚とは別人——が近づいてきて、

「お昼休憩のあとにな、茶髪の男が部屋に入ってきてな、若造かと思ってたら、オッチャンで、いたずらされたんよ！」

いきなり髪の毛を引っ張られたが、悲鳴を上げた途端に消えたそうだ。

そちらへ行ったから、午後は作業場が清々しくなったのか、とS子さんは思った。そんなことを話していると——。

黒髪の四十歳くらいの男が、思い詰めた表情で、ふうっ、と溜め息を吐きながら階段を上ってきて、男子トイレの扉を開けることなく、擦り抜けて中へと姿を消した。

「今の、別口!?」

その男は、この会社の制服とは異なる作業着を着ていたそうである。

次の日、男性の同僚Dさんが大怪我をした。

このときDさんが行っていた作業は、高さ二メートルほどの機械の最上部に四角形をした漏斗《ろうと》状の装置があるので、そこにお茶の粉を入れ、機械を通して包装加工させるものであった。約四十分ごとにお茶の粉を漏斗に入れてゆく。その際に機械の最上部まで上るため、階段を使っていた。

Dさんは階段を上って、お茶の粉を入れ終え、下りる途中で転落したそうだ。物凄い音が響いたので、一緒に作業をしていた男性社員が仰天して様子を見に行くと、Dさんが倒れていた。苦しそうに呻くばかりで、まったく動けない状態であった。

高さ約二メートルから階段を二、三段下りたところで落下したため、大怪我をするほどの高さではないように思われた。しかし、救急車が呼ばれてDさんは病院へ搬送され、三ヶ月間、入院する羽目になった。手足の骨を複雑骨折しており、腕にはボルトが入れられたという。

何者かに突き落とされた疑いがあるとして、警察が来て現場検証まで行ったが、Dさん自身は「階段に足が引っ掛かって、前のめりに落ちてしもてな……」と事故であることを主張しており、突き落とされた証拠となるものは何も見つからなかった。

それから一年近くが経った。

その日、S子さんは数名の社員と一緒に大掛かりな作業をすることになり、社内でも一番奥にある作業場へ向かうため、通路を移動していた。この通路は灯りが点いていなくて、昼間でも薄暗かったのだが、誰もスイッチを押していないのに、いきなり蛍光灯が点いた。S子さんたちが驚いていると、通路の先に奇妙な男が立っていた。S子さんはどきりとして立ち止まったが、男は無反応である。

顔が大きくてやけに丸い。小さな丸い目があって、唇は厚く、口を大きく開けていて、上下に並んだ大きな歯が剥き出しになっている。笑っているようだが、声は立てず、目が笑っていない。古めかしい黒っぽいスーツを着て、シルクハットを被っている。目が小さなことを除けば、どことなく、あるブラックユーモア漫画の主人公と似ていた。両手を身体の前で組み、何をするわけでもなく突っ立っている。

「どないしたん?」

他の女性社員が怪訝な顔をしながら、尻込みをしているS子さんを見てから、男の前を通り過ぎた。男の姿が見えていないらしい。

(これは、生きた人間やない!)

S子さんは慄然として、そそくさと男の前を通り過ぎた。Cさんもあとからそこを通り過ぎた。移動を終えてからS子さんが訊いてみると、Cさんも、

「見た見た！　スーツを着た、凄い変な顔した男やろ！」

同じ男を見ていたが、他の社員に訊いても、「そんな男、いたん？」「見てないで」と答える。それでS子さんは、やはりあの男が生身の人間ではないことを確信した。

その日は他に何も起きなかった。

翌日、S子さんは仕事のシフトが休みだったが、さらに翌朝、出勤するとCさんから、

「昨日、あの男が会社の中をうろついてて、『S子はどこにいる？』って、耳元に何度も話しかけてきてん。あんたのこと探してたよ！　気をつけてね！」

S子さんがいるはずの作業場や食堂、通路などを何度も行ったり来たりしていたという。

それを聞いたS子さんは一日中、仕事に集中できなくなり、あの男がいつ現れるのかと、怯えながら過ごした。

結局、男はそれきり姿を現すことはなかったのだが……。

翌日は、ちょうど一年前にDさんが重傷を負った日であった。

この日、作業場では頑強な金属板が割れたり、機械の調子が急に悪くなったりする事態が発生した。金属板は包装加工するための機械に取り付けられた、半径約三十センチ、厚さ約三センチの桜の花に似た形をしたものである。

「割れるなんて前代未聞や！」

と、工場長も目を丸くしていた。

社員たちは、また誰かが大怪我をするのではないか？　と戦々恐々としていた。とくにS子さんは早退しようかと思ったほど縮み上がり、生きた心地もしなかった。

だが、この日は幸い、怪我人が出ることはなかったという。

その後もS子さんは、朝早く出勤した際に、二階の廊下で何者かが口笛を吹く音を聞いたことがある。始業時間よりもだいぶ早かったため、彼女の他には周辺に誰もいなかった。また、机の下から幼女が覗いていたり、機械の中から指だけが突き出していたり、ロッカーを開けた途端に中から何者かに腕を掴まれ、強く引っ張られたりする現象が多発した。

ほぼ同じ体験を同僚のCさんもしていたそうだ。

社員用の玄関に盛り塩を置いてみると、わずか数日で独りでに崩れ始め、黒ずんでくる。この土地にどんな因縁があるのかはわからなかった。ただ、同僚たちとは「霊の通り道、〈霊道〉に当たるのではないか」と話していた。

やがて、この会社は別の土地へ移転することになった。

移転先はS子さんの家からかなり遠く、通勤が難しいことから、彼女は退職した。跡地には別の会社が入ったが、現在も怪異が起きているかは不明、とのことである。

鹿児島の一家

R子さんの夫であるY夫さんは、以前、車の運転中に他の車から追突されて重傷を負い、長年にわたって後遺症に悩まされている。時々、痛みが激しくなることがあって、ひどく具合が悪くなってしまう。

「苦しいときほど、普段よりも幽霊がよく見えるようになるんだ。身体が弱っていると、あっちの世界に近づいていてしまうんだろうな」

と、Y夫さんは語る。彼は生まれつき〈見える人〉なのだ。

「身体が痛いときは、家で横になっていても駄目なんだ。余計に痛くなるんだよ」

そのためY夫さんは気分転換を兼ねて、近所を散歩するのが日課になっていた。四月のこの日も夕飯が済むと「散歩に行ってくる」と席を立った。

二人は東京で出会って結婚したが、現在は鹿児島県の住宅地に一軒家を借りて住んでいる。この家は、他の家も大抵そうであるように、風呂場の前に脱衣所を兼ねた洗面所がある。その突き当たりの壁に鏡が取り付けられていた。Y夫さんは鏡を見ながら身なりを整えようと、そこへ向かったのだが……。

「おい」

「なあに？」

「おいっ！　いるよっ！　みんな来てみろよっ！」

Y夫さんが頻《しき》りに呼ぶので、R子さんと中学生の娘二人がそちらに向かおうとすると、Y夫さんは向かって左手にある風呂場を指差していた。入口のドアは開けてある。夫がいる位置からは風呂場の中が丸見えなのだろうが、R子さんと娘たちからは真横で死角になっていた。

「何がいるの？」

「そこから、女が覗いてるんだっ！」

Y夫さんは興奮しているようで、声が上擦っていた。

R子さんは途中で立ち止まった。娘たちも足を止める。Y夫さんが指差しているのは、風呂場の入口でも下のほうで、床の近くであった。風呂場に寝そべっているらしい。

「早く！　ちょっと来て、見てみろよ！　首を曲げておまえたちのほうを見ているぞ！」

そんなことを言われれば、余計に近くへ行きたくない。R子さんが想像したのは、冷たい風呂場の床に全裸で腹這いになり、入口から首だけを出してこちらを向いている面妖な女の姿だ。以前からY夫さんが「風呂場に女がいる」と話していたことを思い出す。

「前にいたのと、同じ人？」

「どうかなぁ？　前は顔がちゃんと見えなかったからね」

「どんな人なの？」

「長い黒髪の女。びしょ濡れの……。けっこうな美人だぞ」

Y夫さんは笑っていた。

「いやいやいや！　美人だとか、そういう問題じゃないでしょ、こんなときに！」

「見たくないなら、いいよ。じゃあ、ちょっと歩いてくる」

Y夫さんは家から出ていってしまった。

「えっ……」

R子さんと娘たちは、Y夫さんにも家にいてもらいたかった。短時間で帰ってくることはわかっているが、それまでの間、女幽霊と同じ屋根の下にいるのは怖い。

「まだその女の人、こっちを見てるのかなぁ？」

中学三年生の長女が言った。心なしか、顔が少し青ざめている。

「わかんないけど、怖いからお部屋に戻ろう」

R子さんは見えない女に向かって、「頼むから、いきなり姿を見せて驚かさないで下さいね」と祈ってから、娘たちと居間へ戻った。

Ｒ子さんはその夜、怖くて風呂に入れなかったので、翌日、早起きして朝風呂に入った。そのとき、長さ一メートル近くある髪の毛が何本も床に落ちていることに気づいた。彼女も二人の娘も、頭髪はショートカットである。Ｙ夫さんはそれよりも短髪であった。

六月のこと。夜になって、Ｙ夫さんが散歩へ出かける前に、ベランダを指差した。

「今日はあそこにいるよ」

Ｒ子さんはこのとき、Ｙ夫さんの隣にいた。ベランダを見たが、網戸の向こうにピンク色をしたプラスチック製の大きな工具箱が置いてあるだけであった。

「何も見えないよ。お風呂場にいたのと、同じ女の人？」

「いや、違う。若い男だ。白と黒の、ボーダーの長袖を着て、工具箱に座っている」

「こんな日に、長袖？」

この日の最高気温は三十二度を超えていた。

「うん。厚手の長袖。セーターだな」

「……あそこに、本当にいるの？」

「いる」

「その人、何をしてるの？」

「ただ座って、空《くう》を見つめているだけだ。おとなしそうな青年だよ。たぶん、何もしないだろうから、大丈夫さ。じゃあ、俺は散歩に行ってくる」

またしてもY夫さんは出かけてしまった。

「えっ。やっぱり行っちゃうの……」

R子さんは独り言《ご》ちたが、後遺症と日々闘っているY夫さんの大事な散歩を引き止めるわけにもいかない。彼女はベランダに近づいて、工具箱を見つめた。その箱は彼女が煙草を吸うときに座る椅子代わりでもあった。不意にベランダから、線香の匂いが漂ってきたという。

「その箱に今、座っていらっしゃるのかぁ……。じゃあ、私は座れないね」

とてもベランダには出る気にならず、煙草を吸うのを我慢するしかなかった。

しばらくすると、Y夫さんが帰ってきた。

「ちょっと聞いてくれ」

「どうしたの？」

「今帰ってくるとき、家の近くまで来たら、右の耳に、ふっ、と風が吹いてきたんだ。それで若い男の声がして、『僕の家はここじゃなかった。ごめんなさい。ありがとう』と言ったんだよ。姿は見なかったけど、もうベランダにはいないから、さっきの青年だと思う」

R子さんは娘たちと顔を見合わせた。そのあとY夫さんに向かって言った。

「い、いい人じゃない。そ、それなら遠慮しないで、またいつでも、寄ってくればいい、よね。ねえ？」

「まあ、そうだな……」

Y夫さんが微笑むと、娘たちも安心したのか、笑い出した。

「その人、自分の家に帰れたのかしらね？」

「そうだといいよねえ！」


それから二年余りが過ぎた。あれ以来、Y夫さんは同じ青年の霊を見ていないそうだ。風呂場に女の霊がいる、という話もしなくなった。体調は明らかに良くなってきているようで、R子さんと娘たちは細《ささ》やかながらも幸せな日々を過ごしている。

ただし、風呂場が何となく怖く感じられて、夜遅くなると入浴できないことだけは、未だに変わっていない。

マリブルさん曰く、あまりにも怪談っぽくて、どこかで聞いた気がするが、やっぱりどこでも聞いたことがない話

インターネット電話のスカイプを使って、本書執筆のためのリモート取材をしたときのことである。『高崎怪談会　東国百鬼譚』（竹書房）の共著者の一人で、怪談語りを趣味にしているマリブルさんも、今回はネタを提供して下さることになった。この日の取材協力者は四人。それに私を加えた五人で、予め決めておいた順番に持ちネタを語っていった。

四番目の語り手がマリブルさんであった。

「これは、最近聞いた中で、一番好きになった話なんですけどね、あまりにも怪談っぽい、といいますか、どこかで聞いたことがあるような気がするんです。でも、まったく同じ話はないような気もする。だから皆さんに聞いてもらって、確認してみたいと思うんです」

群馬県在住のマリブルさんは、お気に入りのバーへ飲みに行きがてら、ネタを集めることが多い。そこは店長が気さくで、カウンター席に座った客同士もすぐに仲良くなれる、面白い店なのだという。ある夜、マリブルさんはたまたま隣り合わせた、初対面の四十代

の女性から、こんな話を聞き出した。

○

現在、その女性は夫と二人で群馬県内に住んでいるが、数年前まで東京都内で暮らしていた。これは夫のY田さんが体験し、彼女に語った話である。

Y田さんは、かつて浄水器の一種を一般家庭に訪問販売する仕事を生業《なりわい》にしていた。東京都内に会社が定めた幾つかの区域《エリア》があり、それぞれに複数の営業社員が振り分けられ、統括する上司のエリア・マネージャーが一人就いている。

Y田さんは毎日スーツを着込んで住宅街を朝から夕方まで回っていた。手当たり次第の飛び込み営業で、ほとんどの家に断られる。話も聞いてもらえず、門前払いを食うことも多かった。とくに秋のその日はまったく駄目で、一件の契約も取ることができずにいた。日が西の空に傾いている。ノルマがあるので何とかしなければならないが、今日はあと一軒しか行けないだろう。それなら闇雲に飛び込むのではなく、契約してくれそうな家をよく選んだほうが良い。Y田さんは最後の一軒を品定めしていった。

足早に歩き回っていると、「ここだ」と思わず独り言が出たほどの家が見つかった。門越しに庭を覗けば芝生が植えられ、手入れが行き届いている。二階建ての家屋も大きくて綺麗だ。

（金を持っていそうな家だな。行けるかもしれない）

この家に〈今日最後の望み〉を賭けることにした。金属製の門には鍵が掛かっていなかった。庭先を通って玄関の呼び鈴を押すと、「はあい」と女性の高く澄んだ声がした。

ドアが開いて、身長一六〇センチほどのほっそりとした、整った顔立ちの女性が姿を見せた。三十歳くらいか、長い黒髪も艶やかで美しい。どうやら若奥さんのようである。

Y田さんが少しどぎまぎしながら、自己紹介と来意を伝えると、

「いいですねえ、そういうの！　お話を伺いたいので、どうぞ、上がって下さい！」

若奥さんは柔和な笑顔で、スリッパを出して履くように勧めてきた。

下駄箱の上には生け花が飾られ、玄関から長い廊下が一直線に伸びている。その左右に壁とドアがあり、幾つか部屋があるらしい。壁には額に入った絵画が掛けられていた。

Y田さんは、突き当たりの広い居間に通された。ゆったりとしたソファーとテーブルがある。Y田さんは早速、テーブルに資料を広げた。若奥さんがお茶を出してくれたあと、テーブルの向かいに座る。

Y田さんが浄水器の性能や契約についての説明をしていると、廊下の先のほうから、

「おんぎゃあ。おんぎゃあ。おんぎゃあ。おんぎゃあ」

と、赤ん坊の泣き声が聞こえてきた。

(あれ、赤ちゃんがいるんだ)

Y田さんは少し気になったが、若奥さんはまったく気にしていない。Y田さんの説明に聞き入っているようだ。赤ん坊は泣き続けている。

Y田さんはノルマが気になるので、泣き声を気にしないように努めながら説明を続けた。その間も赤ん坊の泣き声が続いている。Y田さんは次第に心配になってきた。

「あのう……。先程からお子さんが泣かれていますけど、大丈夫ですか?」

若奥さんは真っ白な歯を見せながら、にっこりと笑って、

「ああ、いいんですよ。どうぞ、続けて下さい」

微塵《みじん》も気にしていないようである。

こうなるとY田さんも説明を続けるしかなかったが、その間も泣き声が聞こえてくるので心配になってきた。同じことを訊いても、

「いいのいいの。説明を続けて下さい」

若奥さんは相変わらず、素晴らしい笑顔を見せる。

やがて赤ん坊の泣き声は自然とやんだ。若奥さんは浄水器をすっかり気に入ったそうで、

試用の仮契約ではなく、本契約を結んでくれるという。

本契約に入るには、電話で上司のエリア・マネージャーを呼ぶ決まりになっている。スマートフォンから電話をかけると、秋の早い日没が近づいた頃にエリア・マネージャーの男性Uさんがやってきた。彼も同じ居間に通してもらう。

Uさんは Y田さんと並んでソファーに座った。もう一度、Uさんが説明を始めると、

「おんぎゃあ！　おんぎゃあ！　おんぎゃあ！　おんぎゃあ！」

また廊下の先のほうから、赤ん坊の泣き声が聞こえてきた。前よりも激しい泣き方である。Y田さんはもはや何も言えなかった。Uさんと若奥さんの様子を見守るしかない、と思ったそうだ。あまりにも激しく泣いているので、Uさんが気にして、

「……お子さんがだいぶ泣かれていますが、大丈夫でしょうか？」

そう言うと、若奥さんの態度が豹変した。

不意に背筋をぴん、と伸ばし、無表情な顔になって、「わかりました。見てきます」と廊下へ出ていった。

Y田さんとUさんは居間に残された。二人で話をしながら待っていたが、一向に赤ん坊の泣き声はやまず、若奥さんはなかなか戻ってこない。

退屈したUさんが「ああ、あ！」とソファーの背凭《せもた》れに背中を預けて伸びをする。自《おの》ず

と顔が天井に向けられた。

次の瞬間、Uさんは「うああっ！」と叫んでいた。そのまま身動きができなくなってしまう。何事か、とY田さんも天井を仰ぐと——。

そこには百枚を優に超えると思われる写真が貼ってあった。若奥さんの子供なのか、赤ん坊の顔写真ばかりが隙間もないほどにびっしりと並んでいる。

Uさんが音を立てそうなほどに震え出した。

「だ、だ、だ、駄目だ駄目だっ！　駄目だ、ここはっ！　も、もう出るぞっ！」

Uさんがソファーから腰を上げた。言い終える前から帰ろうとしている。

「ちょ、ちょっと！　待って、下さい！」

Y田さんは慌てて資料を鞄に戻した。すべてを乱暴に詰め込むと、Uさんの跡を追う。

その家は廊下の最も先に玄関があるので、先程若奥さんが出ていった方角へ進むしかない。つまり、若奥さんの前を通らなければ、外へ逃げ出すことができないのだ。

玄関に最も近い部屋の前を通り過ぎようとすると、二十センチほどドアが開いている。

Y田さんはそこでつい、立ち止まって室内を覗いてしまった。

暗い室内に若奥さんが立っていた。いや、彼女の顔だけが宙に浮かんでいる。部屋が暗いせいなのか、首から下が見えなかった。若奥さんの顔はこちらを向いていたが、ぼんやりと虚ろな目をしていた。視線が合っているはずなのに、些《いささ》かも反応がない。Y田さんのことが見えていないようであった。

（まるで死人の目だ！）

Y田さんは怖気立《おぞけだ》って玄関まで疾走し、靴を突っ掛けて屋外へ逃げ出した。それからUさんが乗ってきた車に同乗させてもらい、会社へ引き揚げることになったのだが、その帰途、Uさんが舌打ちした。

「しまった。さっきの家に鞄を忘れてきちまった」

Y田さんはまた怖気立つことになった。既に日が暮れていて、引き返せば一層、気味が悪いことに巻き込まれそうな気がしてくる。

（嫌だなぁ。今は絶対に引き返したくないぞ）

と、考えながらも、相手が上司なので切り出せずにいると、

「仕方がない。明日の朝一番で取りに行こう。逃げたことも謝らないといけないし……」

Uさんもすぐに引き返すのは気が引けたようだ。

（ああ、良かった。明るいときなら、まだましだろう）

Y田さんは少し安心した。

翌朝、二人は昨夕の家へ向かった。

だが、現地へ到着するなり、その門前で二人は呆然と立ち尽くすことになった。件《くだん》の家は金属製の門に『売り物件』の看板が掛けられている。庭は芝生が伸び放題で、雑草も生い茂っていた。家屋も窓は砂埃を被って汚れており、遮光カーテンが閉ざされて、玄関先は蜘蛛の巣だらけになっている。

「何だ、こりゃあ？」

「ぬう……。昨日今日、引っ越したって感じじゃないですね」

門や家屋の外観は昨夕のままで、確かに見覚えがあった。同じ家としか思えない。しかし、昨日はあれほど綺麗な家だったのに、今朝は何年も放置されて荒れ果てた廃屋に変わっていた。

「どうしようか？　まさか、こんなことが……」

「でも、鞄を取り戻さないといけませんよね」

「そうなんだよ。大事な資料が沢山入っているからな」

Uさんが門をいじってみると、鍵が壊れていて簡単に開いた。草が茂った庭を通って、玄関先まで進み、顔や頭にくっついてきた蜘蛛の巣を払う。Y田さんは腰が引けていたが、Uさんがドアノブを捻ってみると、鍵が掛かっていなくて、これも簡単に開いた。

「すみません」と声をかけてから玄関に入る。誰も出てこなかった。床には塵が何層も積もっており、下駄箱の上に置かれていた生け花や、廊下の壁に掛けられていた絵画はすべてなくなっていた。

「Y田君、これは、どういうことだろう？」

「いや、私にも、さっぱりですよ……」

二人は困惑したが、鞄を回収したい一心で、土足のまま廊下を進んでいった。室内の構造は昨夕と少しも変わっていない。突き当たりの居間まで行ってみると、テーブルもソファーもなくなっていたが、それらが設置されていた辺りの床に、Uさんの鞄だけがぽつんと取り残されていた。二人とも怖かったので、天井は見ずに引き揚げてきたという。

○

「それ、話として、でき過ぎじゃないですか？」

バーのカウンターで、マリブルさんは隣席の女性、Y田夫人に疑問をぶつけてみた。

「うん。あたしもそう思うんですけどね。そい《それ》だけど、旦那と二十何年も一緒に暮らしてきたから、嘘を吐いてるときはわかるんだいね」

御主人のY田さんは、この話を語ったとき、終始真顔で、恐怖に顔を引き攣らせていた。作り話をしているようには見えなかったそうだ。

さて、話はここで、私、戸神が行ったリモート取材の場まで戻る。

「皆さんは、どう思われますか?」

マリブルさんが参加者たちに問いかけると、怪談イベントを主催し、多くの怪談作家や怪談師と繋がりがある男性Sさんがまず答えた。

「前半は、私が知っている営業マンの話と似ていると思います。それは、営業に入った家の奥さんが、泣き続ける赤ん坊の首を絞めようとしていた、というオチで、怪談ではないのですが……」

また、私は「後半のオチは古典的な怪談にありそうですね。『雨月物語』の「浅茅が宿」などと似ている気がします」と答えた。

Sさんによれば、他にも後半はある怪談師の作品に、似た系統の話があるという。

ただし、前半と後半が一つになった話は聞いたことがない、というのが全員の共通する意見であった。

一九九二

一九九二年。

埼玉県在住の男性Mさんが、東京都内の大学に通っていた頃の話である。同級生の友達A君も、埼玉県内の広い庭がある古くて大きな屋敷に住んでいた。両親は既に亡くなっていて、兄弟はおらず、一人で暮らしていた。裏手の家に伯母夫婦が住んでいて、子供の頃から面倒を見てもらっていたという。

Mさんはよく A君と大学の近くにある店へ酒を飲みに行った。終電が終わって埼玉県にある自宅へ帰れなくなると、大学に忍び込んで部室に泊まることもあった。

その夜も部室に入ると、A君が床を指差した。

「あそこに赤ちゃんがいる！」

Mさんには床しか見えなかった。

「赤ちゃんが？　どこに？」

「ほら、そこだよ。床を這ってるよ。青いベビー服を着てる」

「俺たち、朝までここにいても大丈夫かな？」

「大丈夫。何もしてこないよ。たぶん、俺がいるから甘えたくなって、出てきたんだろうな」

A君は生まれつき、この類いの現象と縁が深い人物なのだ。


さて、これはMさんが大学の、別の友達B君から聞いた話である。B君は学校の近くにあるアパートに住んでいたが、隣室に住む後輩に彼女ができた。三日にあげず彼女が訪ねてきて、夜中まで楽しそうに話している。その話し声がうるさい。彼女がいないB君にとっては、誠に面白くなかった。気になって夜もよく眠れず、次第に迷惑だと思い始めたという。

そこでB君は、A君に頼んだ。

「おまえの家、広くて両親もいないんだろ。しばらく泊めてくれないか」

A君の許可を得てB君は泊まりに行ったが、翌日には帰ってきてしまった。大学でその話をB君から聞いたMさんは不可解に思った。

「一体、どうしたんだよ？」

「俺、あの家にはいられない。温度が全然違うんだよ」

居間や食堂にいても、宛てがわれた寝室に入ってみても温度が違う。まるで冷蔵庫の中にいるようなのだ。それでも、夜になると厚い掛け布団を頭から被って何とか眠った。

だが、やがて夢の中に白髪の老婆が現れた。ぼろぼろの黒っぽい着物を着た老婆で、痩せこけていて九十歳くらいに見える。肌は皺くちゃで青黒く、片目が潰れた不気味な形相をしていた。

B君は夢の中で恐怖を感じ、悲鳴を上げながら跳ね起きた。部屋の中は相変わらず寒い。氷の上で寝ているようである。それからは寒くて一睡もできなかった。朝になると、荷物をまとめてアパートへ引き揚げるしかなかったそうだ。

Mさんは怪談が大好きなので、秋の休日にA君の屋敷へ遊びに行ってみた。やはりB君が話していたように、かなり寒い。けれども、玄関近くの壁に温度計が掛けられていたので覗いてみると、室温は二十五度を示している。Mさんは A君に向かって言った。

「おかしいな。寒くない？」

「寒くないよ」

「俺は寒い。真冬みたいだ」

Mさんは、B君から聞いたことをすべて話した。

「そうか……。俺は子供の頃から慣れているから平気なんだ。それと、俺ん家《ち》、出るから気をつけてくれ」

A君は平然と告げた。彼の話によれば……。

彼が自室で眠っていると、夢の中に八畳間くらいの和室が出てくる。この屋敷にはない部屋で、奥のほうにテレビがあって、その中から忽然と、老婆が這い出してくる。『リング』の貞子を思わせる光景だ。

しかし、映画の『リング』が公開されたのは、一九九八年のことである。一九九二年当時はまだ映画を観た者は誰もいなかった。また、小説の『リング』（角川書店）は一九九一年に刊行されているが、作中に貞子がテレビの中から出てくる場面は描かれていない。

老婆がこちらに這ってきて、A君は悲鳴を上げながら目を覚ます——。

そんな夢を子供の頃から頻繁に見てきた。平均すると、月に三度は見ているという。

ところが、目を覚ますと、たまにA君の真上の空中に、同じ老婆が本当に浮かんでいることがある。

「むう。もう少し、だったのに……」

と、何やら悔しがっている。

A君が再び悲鳴を上げると、老婆は襲いかかってこようとはせず、天井へ吸い寄せられるように上昇してゆき、その姿を消す。

寝起きのとき以外にも、同じ老婆の姿が鏡や窓ガラスに映ったり、廊下を横切ったりすることが屡《しばしば》あるそうだ。

Mさんは泊めてもらうつもりだったが、

（幾ら何でも、これは駄目だ。夜なんか、寒いのと怖いのとで、いられたもんじゃない）

諦めて夕方には帰ることにした。

A君は玄関を出て、門まで見送ってくれたが、そこで彼は難しい顔をしながら、

「俺もこの家も、呪われているんだよ」

と、こんな話を口にした。


A君が七歳のとき、両親が車に乗っていて、高速道路で同時に壮絶な事故死を遂げた。この家では代々、男児が生まれ、七歳になると、両親が死亡する。祖父母も早逝していた。二人とも父親が七歳のときに死んでいる。祖父が外出先でいきなり倒れてそのまま亡くなり、わずか二ケ月後に祖母も急病で突然死を遂げたらしい。

隣家に住む伯母から聞いた話によると、父親は生前にこう語ったことがあったという。

「白髪の婆さんが出てくる夢を、前よりも頻繁に見るようになったんだ。しかも、今までは捕まる前に目が覚めていたのに、昨夜は夢の中で足を掴まれちまった。H子も魘《うな》されて

いたので起こしたら、同じ夢を見ていたっていうんだ」

H子とは母親のことである。両親はどちらも憔悴《しょうすい》していた。毎晩、悪夢に苦しめられ、熟睡できなかったらしい。そんな状態が半月ほど続いたあと、交通事故に遭ったそうだ。

例の白髪の老婆とA君の先祖との間に何らかの因縁があり、呪いをかけられているようだが、伯母に訊いても、「私も知らないんだよ。Aちゃんと同じで、両親が早くに亡くなったからさ」と憂い顔で言われた。


A君は大学生のときから愛らしい彼女がいたものの、卒業後、結婚することなく別れた。屋敷を訪ねてきた彼女が異常な冷気に驚き、廊下を横切った老婆の姿を目撃して体調を崩した上、性格も変わってしまい、A君のことを嫌うようになったためである。

A君は、Mさんとは今でも交流が続いており、三十代の後半になって別の女性と結婚したが、五十歳に近づいた現在も子供はいない。

(自分たちが若くして無惨な最期を遂げることを恐れて、子供を作ることを避けてきたのではないか)

と、Mさんは思っているそうだ。

夜の学生寮

一、駐車場にいたモノ

　今から数十年前、当時十九歳だった女性Tさんは、郊外にある大学に通っていて、学生寮に入っていた。この寮は他の大学の学生も住んでおり、一室に一名で入居する仕組みになっていた。門限は午後十時である。一分でも遅れると、管理をしている中年の女性から、厳しく叱られる。そして、このような場所にはつきものの、「出る」という噂があった。

　ある夜、Tさんが入っていたクラブ活動の部員である男子学生三名が、車に乗って訪ねてきた。

「ドライブに行こうぜ！」

　時計を見ると、午後九時四十五分である。門限まで、あと十五分しかない。本来ならば断わるところだが、夜のドライブが楽しそうだったので、Tさんと、同じ女子部員のIさんは車に乗った。

　寮は山の上にあり、その前から長い下りの直線道路が続いている。周りは団地として造成中で、木々が伐採され、地面が掘り返された土地ばかりであった。

他の車は滅多に通らず、大きな舗装道路なので、速度も出しやすい。車を飛ばしてまっすぐに下り、麓に着いたらUターンして、再び同じ直線道路を引き返してくる。それなら十五分もかからずに戻れるだろう、とのことであった。ドアウインドウをすべて開け放って速度を上げてゆくと、夜風が吹き込んできて、気持ち良かった。

Uターンして、今度は坂道を上る。結局、五分余りで寮の近くまで戻ってきてしまった。まだ少し時間があるので、脇道へ入ってみることになった。更地の中に広い駐車場があり、街灯が立っている。

「あっ！　あれ、何⁉」

誰もが一斉に同じ言葉を叫んだ。

無人の駐車場に、身長が四、五メートルはありそうな人影が立っていた。真っ白な着物を着た女である。電柱に設置された街灯と同じくらいの高さに顔があった。

車を運転していた男子学生がブレーキを踏む。車を停めて、五名は女のほうを凝視した。女は大きく両腕を広げていた。無表情な顔をして、こちらを見下ろしている。Tさんは初め、石像などの人工物かと思ったという。

だが、その巨大な女は動き始めた。両足を動かすことなく、滑るようにこちらへゆっくりと近づいてきたのだ。

「いかん！　逃げるぞ！」

男子学生が車を発進させた。しかし、そこから造成地の奥に入って、道に迷ってしまった。寮へ向かう直線道路はすぐそこにあるはずなのに、道が迷路のようになっていて、なかなか戻ることができない。五名とも、巨大な女がまた現れるのではないか、と怯えながら夜道を急いだが、幸い女と再び出くわすことはなく、やっと寮まで戻ることができた。

とはいえ、既に十時十五分になっていたので、Tさんと I さんは寮の管理人の中年女性から激しく叱られた。前述したようにこの寮は個室で、管理人の女性が毎晩、見回りをする。その際に、必ず部屋にいなければならない。また、同じ寮の仲間の部屋にいることも許されない決まりになっている。

Tさんと I さんはそれぞれの自室に戻ったが、巨大な女のことが目に浮かんで、とても単独では眠ることができなかった。そこでTさんは I さんを部屋に呼んだ。それでも怖かった二人は、同じ大学の女子学生Kさんを仲間に入れるべく、部屋に呼び寄せた。部屋は六畳一間の和室で、銘々が座布団や毛布を持ち込んで雑魚寝をした。

管理人の女性は定時の見回りを終えていた。だからもう回ってくることはないはずなのだが、Tさんたちは不安だったので、玄関のドアに鍵を掛けることにした。ドアノブにプッシュ式の鍵が付いている。Tさんはそれを押してドアが開かないことを確認した。

しばらく、うとうとしていると――。

ガチャガチャ！　ガチャガチャガチャ！

玄関の近くで寝ていたTさんは、物音に目を覚ました。ドアノブが動いている。

（あっ！　管理人の小母ちゃんが来たのかな？）

そう思った途端、ドアノブが回転して、ドアが開いた。

（あれっ？　鍵を掛けていなかったのかな？）

室内を見られてはいけない、とTさんは咄嗟に思った。慌ててドアを閉めようとする。

そのとき、Tさんは薄暗い廊下に人影が立っていることに気づいた。そこで金縛りにかかったのか、唐突に身体が動かなくなってしまう。人影は四名であった。六十歳くらいの老人と、五、六歳の男児と女児が一名ずついる。

三名の後ろに女が立っていた。二十代の半ばくらいに見え、髪が長くて真っ白な着物を着ている。女性のTさんが見ても、戦《おのの》くほどの美女で、人気女優も顔負けの容貌を持っていた。両腕を大きく広げて、二名の子供を抱えようとしている。いや、捕まえようとしているようにも見えた。

（駐車場にいた女だ！）

　Tさんはそう直感した。駐車場で遭遇したときよりも小さかったが、女の身長は二メートルを優に超えていて、頭の天辺が天井に届きそうに見えた。不思議なことに、四名とも無表情で、スローモーションのようにゆっくりと動いていたという。

　十数秒でTさんは身体を動かすことができるようになった。急に激しい恐怖が込み上げてきて、大慌てでドアを閉め、鍵を掛ける。

　振り返ると、Iさんと目が合った。彼女も熟睡できず、ドアノブの音に起こされていたのだ。

「……今、外に人がいたよね？」

「うん！　駐車場で遭った、あの女だよ！　ここまで追いかけてきたのよ！」

「えっ!?　あたしが見たのは、子供二人だったんだけど！」

　Iさんには、男児と女児の姿しか見えていなかったそうだ。

　Tさんは、もう一度ドアを開けて廊下を確認することができなかった。幸い、廊下側からドアが開けられることは二度となかった。Kさんは眠っていたが、TさんとIさんはそれきり一睡もできず、長くて重苦しい時間をやり過ごすしかなかった。

　ようやく夜が明けてくると、朝日に少し勇気づけられて恐る恐るドアを開けてみたが、廊下には誰もいなかったそうである。

「あたし、鍵を掛け忘れていたのかしら？」

Tさんが訊くと、Iさんが即答した。

「ううん。鍵は掛かっていたよ。掛けてるところも見ていたから、まちがいないよ」

二、お兄ちゃんが来る

同じ寮で、この一件から一年後のことである。

Tさんは、Jさんという同い年の女子学生がこのところ毎晩、怪奇な体験をしている、との話を聞いた。TさんとIさんは、月日が経つうちに巨大な女のことはさほど気にならなくなっていた。そこで、皆でJさんの部屋へ行き、何が起こるのか見届けてやろう、ということになった。

晩秋の宵、Tさん、Iさん、Kさんの他に、Qさんという女子学生が新たに加わり、Jさんの部屋で彼女の話を聞くことにした。

「この部屋、毎晩、お兄ちゃんが来るんだ。水子なんだけどね、わかるのよ。うちのお母さん、あたしを産む前に死産しているから」

夜遅くなると、押し入れを内側から叩く音がする。やがて閉めてある襖を突き抜けて、血まみれの胎児が這い出してくるのだという。Jさんはそれを実兄だと信じていた。

このときTさんたちは一列に並び、正座をして話を聞いていた。部屋の電灯は点けてある。Jさんだけが皆の前に座布団を敷き、胡坐《あぐら》を掻いて語っていた。

そんな彼女の身体が、両肩から頓《とみ》に黒ずんできた。黒い膜のようなものが次から次に現れ、たちまち広がってゆく。五体を覆われて全身が真っ黒になってしまった。

さらに、その姿が変容を始めた。Jさんは小柄な女性で、ずっと胡坐を掻いていたのだが、正座をした大柄な男の影のように見えてきたのだ。

「あっ……」

Tさんたちは絶句した。四名とも同じ光景を目撃していたのである。

しかし、そこでQさんが、持ち込んでいた新約聖書を開いて音読を始めた。彼女はクリスチャンではないが、こんなときのために用意していたのだという。

黒い男の姿になったJさんが口を開閉させた。

「やめろっ！　読むなっ！」

野太い男の声が室内に響き渡る。

「やめなければ、そっちへ行くぞっ！　今、この場で犯して、ぶっ殺してやるっ！」

雷鳴のような大声で怒鳴りつけられ、Qさんは身体をびくりとさせて音読を中止した。

完全に怖気づいて黙り込んでしまう。色白の顔から見る見る血の気が引いていった。

Tさんはどうすることもできず、恐怖に震えているしかなかった。

（もう耐えられない……）

そのとき、何者か、後ろから別の男の影が現れ、音もなくTさんの隣に立った気がした。

そこからTさんは記憶が途絶えてしまったという。


しばらくして気がつくと、Tさんは J さんの横に倒れていた。

その間に何があったのか、少しも覚えていない。

同席していたIさん、Kさん、Qさんの証言によると——。

Tさんは忽然と泣き出した。啜り泣きながら床を這うようにしてJさんに近づくと、彼女の背中を平手で叩き始めた。バン！　バン！　バン！　バン！　と音が響くほど、力を込めて叩き続ける。そして泣き崩れるように、その場に昏倒して動かなくなった。

背中に痣ができるほど叩かれたJさんのほうは、逆に平然としていた。一見、妙齢の女子大生の姿に戻ったように見える。

だが、正気に返ったTさんが正面から凝視すると、完全に元の姿に戻ってはいなかった。顔の輪郭がどことなくおかしい。周りに何か大きなものが浮かんでいるようだ。他の顔らしきものが幾つも見え隠れしている。

この夜は門限時間が近づき、そこでお開きになったのだが……。

翌日の晩。

「Jちゃん……あれ、まだ戻ってないよ」

TさんがIさんたちを相手にそんな話をしていると、寮内でちょっとした騒ぎになってしまった。他の女子学生たちも話に加わってくる。そして「じゃあ、本当かどうか、試してみようよ」と提案する者が出てきた。

寮のガラス張りになった長い廊下にJさんを立たせて、皆で観察をする。ガラスに何か映るのではないか、というのだ。

「その辺に立ってて。で、ゆっくりこっちに歩いてきて」

提案者の女子学生がJさんに、七、八メートル離れた位置に立つように指示を出す。

「そんなの、やめたほうがいいよ」

Tさんは己の発言から騒ぎが大きくなってしまったので、止めに入ろうとした。Jさんに申し訳ないと思ったのだ。

けれども、Jさんは「いいよ。やるね」と引き受けた。

「じゃあ、歩いてきてよ」

「うん」

Jさんは頷いた。その次の瞬間――。

Jさんは皆の目の前に立っていた。まさに鼻と鼻がぶつかりそうな位置にいたのだ。七、八メートル離れた場所から、一秒もせずに移動してきたのである。もちろん、乗り物に乗ったわけではなく、足を動かすどころか、身体が揺れてもいなかった。

「な、何で！　何で！　何でこんな所にいるのっ⁉」

その場にいた十数名が一部始終を目撃していた。悲鳴を上げた者もいれば、腰を抜かして座り込んでしまう者、逆に大きく後ろへ飛び退いた者もいた。

当のJさんは「何でそんなに驚いてるの？」と言って、首を傾げたのだが、そのあと目を怪しく光らせて、にやりと嫌な笑い方をした。

十数名の女子たちはすぐに解散して、各自の部屋へ逃げ帰った。Jさんを巡る騒ぎはこれで治まったのだが……。

爾来《じらい》、TさんはJさんと顔を合わせることができなくなった。あのぎらりと光った三白眼が恐ろしかった。同じ寮にいながらJさんとは深く関わろうとせず、卒業してからは一度も連絡を取っていない。したがって、Jさんが初めに語っていた水子の〈お兄ちゃん〉と、この一件にどのような関連があったのかは、不明のままである。

巻き物の絵

『関西怪談倶楽部』の名義で怪談語りをしている夢民《ムーミン》さんは、幽霊を見たことが一度もなく、霊感はないものと思っているそうだ。だが、父親は正反対なのだという。小さな会社を経営しながら、趣味として仏教のある宗派を厚く信仰している。

「俺が信仰してるから、みんなが守られてるんやで」

と、よく家族に言う。

あるとき父親が、近所の家が燃える夢を見た、と口にしたことがある。夢民さんは驚いた。同じ日に彼や母親も同じ夢を見ていたからだ。そして数日後、本当にその家は火事で全焼してしまった。

父親の教えを受けて、夢民さんは数珠を持ち歩くようになった。

彼の本業は大道芸人で、常に日本中を旅している。石川県へ行ったときのこと、平素は車中泊をするのだが、この日は安宿に泊まることにした。一泊三千円のホテルが見つかったので行ってみると、フロントの従業員が一度鍵を渡しておきながら、何を思ったのか、

「あ、やっぱりこっちにして下さい」

別の部屋の鍵を出してきて、交換させられた。

値段通りの狭くて殺風景な部屋である。ベッドがあって、足のほうにバストイレがある。数珠を外して枕元に置き、部屋を真っ暗にしてベッドで仰向けになっていると、不意に足元のほうが光り始めた。目をやれば、独りでに電灯が点いている。出口の近くに鏡があったが、その前の空中に細長いものが浮かんでいるのが見えた。どうやら、巻き物らしい。

(何であんなものが……?)

巻き物など、所持していなかった。もちろん、この部屋に飾られていた物でもない。

それが解《ほど》けて、一気に下へと広がった。そこに描かれていた風景に、夢民さんは見覚えがあった。

京都の、ある有名な神社の本殿が描かれている。そこは呪い人形発祥の地ともいわれており、当時付き合っていた女性と参拝したことがあった。

そこまでは確かに覚えているのだが、その直後に眠ってしまったらしい。

朝になって目が覚めた。起き出してみると、巻き物はどこにもない。

(夢だったんか……。変な夢を見たものやな)

そう思っていると、スマートフォンに父親から電話がかかってきた。

「おまえ、今どこや?」

「今、石川におるで」

「ほうほう。昨夜《ゆうべ》、何か変わったことはなかったかいな?」

夢民さんは巻き物のことを口にした。

「それ、危なかったわ。おまえ、数珠を持ってるか?」

「持ってるけど……」

「それを見てみい」

夢民さんは枕元に置いていた数珠を見て、息を呑んだ。紐が切れて玉が散乱している。

「それなかったら、やばかったわ」

電話の向こうから聞こえる父親の言葉に悄然《しょうぜん》とした。

それからまもなく、夢民さんは付き合っていた女性と急に別れることになったという。

福岡のループ

これも『関西怪談倶楽部』の夢民《ムーミン》さんが「知り合いから聞いたネタなんですけどね」と前置きした上で提供して下さった話である。大道芸人の彼は、日本各地を常に旅していて、毎年、年末が近づくと福岡県へ行き、年明けまで滞在するのが「ループになっています」と言う。毎年同じことを繰り返している、という意味らしい。

夢民さんが路上で披露する大道芸を観に来る人々の中には、常連客もいる。二十代後半の女性Mさんもその一人だ。彼女は現在、介護士として特別養護老人ホームで働いているが、かつては短期間ながら、福岡県内にある大きな病院で看護師の助手をしていた。

Mさんが看護師の助手になったばかりの頃、夜遅くまで残業をした日のこと。

彼女は仕事が終わると、一人で更衣室へ向かった。更衣室の奥には休憩室がある。部屋といっても、床が一段高くなっていて、畳が敷かれ、白いカーテンで仕切られているだけの空間である。

Mさんが白衣から私服に着替えて、何気なくそちらに目をやると、カーテンの向こうに薄《うっす》らと人影らしきものが見えた。

(あれ、休憩室に誰かいるのかしら？　こんな時間なのに……？)

Mさんは意外に思った。夜勤の看護師を除けば皆、先に帰ったものとばかり思っていたからだ。とはいえ、早く帰りたかったので、気にしないことにして更衣室を出た。

それ以来、Mさんは毎日残業が続いて、少し苛々《いらいら》するようになった。その日も夜遅くに仕事を終え、疲れ切って、

(この仕事、向いてないのかな……)

と、足を引き摺るように歩きながら更衣室へ行くと、薄いカーテンの向こうに人影が映っていた。休憩室に誰かが立っている。今度は先夜よりもくっきりと見えた。身長一七〇センチはありそうな、女性にしては長身の陰影である。

(またいる。誰だろう？)

Mさんは着替えながら様子を見ていたが、人影は同じ場所に立っているだけで、まったく動かない。

(変ねえ……。何をしてるんだろう？　具合が悪いのかな？)

声をかけてみようと思い、休憩室のほうへ歩き出すと、キイッと音がして背後の扉が開いた。立ち止まって振り向けば、他の科に勤務している先輩のLさんが入ってきた。

「あ、お疲れ様です！」

「お疲れ。遅くまで大変ね」

Lさんが無表情で言葉を返す。

それからMさんが再び休憩室のほうを見ると、人影は消えていたという。

(あれ……？　いないや。何で？)

Mさんは慌てて休憩室に近づき、カーテンを捲《めく》ってみた。

誰もいない。彼女が唖然としていると、Lさんが声をかけてきた。

「どうかしたの？」

「ええ。……さっき、休憩室に人影みたいなのが見えたんですけど、今見たら、いないんですよ。いつの間にか消えちゃったみたいで」

「あ、そうなんや。へえ。怖いねえ」

Lさんはそれだけ言うと、黙って着替え始めた。興味がないのか、Mさんの話を信じていないのか、ずっと無表情なので、Mさんは、まずいことを言っちゃったのかな、と思い、

「すみません。見まちがえだったみたいです」

と、謝って更衣室から退出し、帰路に就いた。

次の日は珍しく、夜遅くならないうちに帰れることになった。Mさんが更衣室へ向かおうとすると、廊下でLさんが「ねえ。ちょっといいかな？」と声をかけてきた。相変わらず、無表情である。廊下で立ち話をすることになった。

「Mさん、あなた昔、あの休憩室で起きたことを知ってる？」

「いいえ。入ったばかりで、何も知らないんですが……」

「そうなんだ。実はね、あなたが来る前のことなんだけど……」

Mさんが勤務を始める半年ほど前、この病院の同じ科に別の新人看護師が勤務していた。仮にEさんとしておくが、彼女も夜遅くまで残業をしたときに休憩室のほうを見ると、カーテンに人影が映っていることに気づいた。身長一五〇センチに満たないほどの小柄な女性が、まったく動かずに立っているらしい。あまりにも頻繁に見かけるのでEさんは気になって、声をかけてみた。

「あのう……。いつもそこで、何をしてるんですか？」

まったく反応がない。カーテンを開けると、人影は消えてしまい、誰もいなかった。

Eさんは気味が悪くなって、翌朝、更衣室にいた先輩の看護師たちに、

「……ということがあったんですよう！　気持ち悪くないですかぁ？」

と、一部始終を説明した。

その場にLさんもいたが、聞き流していたという。

ところが、翌日、Eさんは仕事を休んだ。それまでの彼女はいつも明るくて元気が良かったので、誰もが不審に思ったそうである。体調不良ということだったが、その日から二週間も欠勤が続いて、連絡が途絶えてしまった。

同じ科の先輩が心配して、Eさんのスマートフォンに電話をかけると、本人ではなく母親が出た。

「Eさん、どうしていますか？」

「あの子、急に叫び出したかと思うと、自分の髪の毛を凄い力で毟《むし》ったり、ナイフや針で身体中を傷つけたりして、どうにも手に負えなくなったんです。昨日から精神病院に措置入院させたんですよ」

Eさんが欠勤するようになってから「休憩室に人影が出る」と言う者はいなくなった。

それからしばらくして、Eさんの母親から病院に電話がかかってきた。

「娘が、精神病院で自殺しました」

精神病院の看護師が目を離したわずかな隙に、首を吊ったのだ。詳しいことはわからないが、着ていた衣類を脱いで縄代わりに使ったらしい。

Lさんが他の看護師たちから聞いて知っている話はそれだけである。そして欠員が出たので新たな看護師の募集が行われ、入ってきたのがMさんなのだという。

「で、今度はあなたが〈休憩室で人影を見た〉っていうから、話しておいたほうがいいだろうと思ったのよ」

Lさんはいわゆる〈見える人〉なのである。ただ、職場では何かと不都合が生じるので、なるべく内緒にしているそうだ。それで昨夜もわざと素っ気ない対応をしたのだが、やはり気になったので声をかけてきたらしい。

「うわっ。じゃあ、私も狙われているんですか？」

そういえば、残業続きで苛々していたことを思い出す。精神に異常を来《きた》す前触れなのかもしれない。

「いや、大丈夫よ。あなたは守られているわ」

Lさんが柔和な微笑みを浮かべた。彼女の笑顔をMさんが見たのは、このときが初めてであった。

「どういう、こと、ですか？」

「あなたの後ろにいるモノは、かなり強いみたいだからね」

そこで廊下に他の看護師が現れたので、Lさんは「じゃあ、またね」と言って、立ち去った。

いきなりそう言われてもMさんは半信半疑だったが、やがて休日に外出して、十字路で信号待ちをしていたときのこと。突如、速度を出し過ぎた車が、角を曲がり切れずに彼女がいる歩道まで接近してきた。

(あっ、ぶつかる!)

ほんの一瞬だったが、時間が長く感じられた。その間に死を覚悟したそうだ。

だが、次の瞬間、横から中型のバイクが突っ込んできた。車とバイクが正面から激突する。それで車の軌道が変わり、歩道まであとわずかの位置で停止した。バイクは転倒して、運転していた男性は吹っ飛ばされた。車も前部が大きく凹み、フロントガラスがすべて割れてしまった。どちらも運転手は重体で、救急車で病院へ運ばれたが、命が助かったのか、亡くなったのはわからないという。

結局、大惨事を目の当たりにしたものの、Mさんだけは無傷であった。

(あたし、本当に守られているのかな……)

ようやくこのとき、先輩の話が信じられるようになったそうである。

ただし、休憩室の黒い影は相変わらず、見え続けていた。先輩の看護師たちには見えていないようで、話題に上ることもない。

Mさんはどうしても気になることがあった。彼女が目にする人影は長身なのだが、自死を遂げたEさんが目にしていた人影は小柄だった点である。Mさんは廊下でLさんを見かけると、近づいて訊いてみた。

「あなたが見ているのは、きっと、Eさんなのよ」

Eさんは身長一七〇センチほどあり、女性にしては長身だったという。

「じゃあ、Eさんが見ていた人は、誰だったんです？」

「自殺したのはね、Eさんだけじゃないの」

「ええっ!?」

Eさんの前に勤務していた新人看護師が突然、更衣室で首を吊って死亡したことがあった。その看護師は小柄で、身長が一五〇センチ未満だったらしい。どうやら、Eさんが目撃していた人影はその看護師だったようなのだ。

「じゃ、じゃあ、この病院には、新人看護師が死ぬループみたいなものができている、ってことですね？　そういうことなんですよねっ？」

Mさんの問いかけに、Lさんは難しい顔をして黙り込んでしまう。Mさんは頭や顔から血の気が引いてゆくのを感じて、眩暈《めまい》を覚え、廊下に倒れそうになった。それは何とか堪えることができたが、幾ら大きな力のあるモノに守られているとはいえ、今後もここで勤務を続けようという気持ちにはなれなかった。しばらく悩んだ末、看護師を辞めることにしたそうである。

夏の涼風

群馬県高崎市で居酒屋を経営しているPさん夫妻から聞いた話である。御主人のPさんは、かつて同じ群馬県内の会社で働くサラリーマンであった。彼は別の部署にいた同い年の男性Xと仲が良かった。当時のXは三十代前半で、外見も仕事の成績も中の下といったところか、生まれてこの方もてたことがないらしく、恋人を欲しがっていた。惚れっぽくて、身近に感じの良い女性が現れると決まって好きになるが、必ず振られていたという。

取引先の会社から出入りしていた、Aちゃんという二十八歳の女性がいた。登山が趣味で、一年中日に焼けた小麦色の肌をしている。どこかエキゾチックな顔立ちで、ぱっちりとした二重瞼の目には力があり、常に笑顔を絶やさず、はきはきと喋る。独身で、仕事がよくできて、いつも物腰が爽やかな女性であった。

「Aちゃんもいいよね。〈夏の涼風〉みたいでさ」

Xには、好きになった女性の印象を独自の表現で語りたがる癖があった。

Pさんは、また始まったな、いつものことか、と思っていたそうだ。

それでも、Xは毎日のように、

「Aちゃんいいよね。何とかデートできないかなぁ……」

と、口にする。気が弱くて自力で誘うことができないのだ。

そこでPさんは他の同僚たちと協力して、二人だけで食事に行けるようにお膳立てをしてやった。Xは楽しかったらしい。その帰り際に、

「また誘ってもいいですか？」

「Pさんたちも一緒なら、いいですよ」

頭の良いAちゃんは、Xを傷つけないようにやんわりと断った。だが、Xはそれに気づかず、この日からYちゃんと付き合っている気分になっていたらしい。


それから数ヶ月後、まさかの悲劇が起きた。

Aちゃんは長野県の冬山へ登山に行ったが、雪崩に遭って亡くなってしまったのである。遺体は発見され、葬儀が営まれた。

その後、Xに異変が起きた。それまで休日は仲間と酒を飲み歩くか、自宅でゲームをして過ごすか、どちらかの生活をしていたが、急に登山を始めたのだ。しかも毎週、休日は決まってAちゃんが遭難した山へ行く。また、千葉県にあるAちゃんの実家にも足を運び、両親に会って霊前に線香を上げてきたらしい。月曜日に会社へ出勤すると、必ずそんな話

を休憩時間に訥々《とつとつ》と語る。まるで恋人を失って悲嘆に暮れているかのように——。

「ちょっと、やり過ぎじゃないのか。もうやめておけよ」

Pさんは注意を促したが、Xは言うことを聞かず、同じ山への登山を続けた。

「Xの奴、最近、変だぞ」

「あれじゃあ、死人にストーカーをしているようなもんだよな」

「それ、ホントですかぁ⁉　気持ち悪すぎますう‼」

会社の若手社員たちは男性も女性もXと距離を置き、必要最低限しか関わらないようになった。Pさんも嫌悪を感じて避けるようになったという。

やがてXは突然、会社を辞めた。そして登山用具を扱う店にアルバイトとして転職する。余生を山と生きることに決めたらしい。さらに同僚の一人が、

「Pさん、Xがどこに引っ越したか、聞いてる？」

と、教えてくれた。

Xは両親と同居していた実家を出て、Aちゃんが生前に住んでいたアパートの同じ部屋を借りたのだという。Aちゃんの登山仲間に接触して住所を聞き出し、アパートを管理する不動産業者が貸し出すのを待っていたらしい。

さて、ここまでの話を私、戸神はPさん夫妻が経営する居酒屋で日本酒を飲みながら、カウンター越しに聞いたのだが、Aちゃんが亡くなった長野県の山がどこなのか、気になって訊ねてみた。

「ええと……。あれは、どこだったかな？」

Pさんはすぐに思い出すことができなかった。

「じゃあ、調べてあげるよ」

奥さんがスマートフォンに『Aちゃんの実名、遭難、長野県、山』と打ち込んで検索してくれた。奥さんもXと会ったことがあり、Aちゃんの名前も聞いていたのだ。Aちゃんの遭難事故は新聞記事やテレビのニュースにもなり、実名で報道されていたという。

ところが……。

「えっ、嘘！」

奥さんの顔色が変わった。

「……これで、知ったのかなぁ？」

事故が起きた山を調べていたのに、群馬県某所の賃貸物件の住所ばかりが何件もヒットした。奥さんはPさんと私に、その画面を見せてくれた。確かに不動産会社のホームページで、アパート名と部屋番号まで載っている。

「驚いたなぁ！　Xが何度も話していたから、覚えています。このアパートでまちがいありません！」

Pさんも憮然としながら言う。

通常、新聞やテレビ、インターネットのニュースでも、個人の住所は報道しない。だとすると、何者かがインターネット上に情報を流したことになる。いずれにしても気味が悪かったので、奥さんは検索結果の画面を一旦閉じた。見てはいけないものを見てしまったような気がしたそうである。

奥さんがもう一度、同じキーワードを打ち込んで検索すると、今度は長野県の山の名前がヒットした。そして群馬県のアパートは一件もヒットしなかった。不思議に思い、それから何度か時間や日を変えて検索してみたが、まったくヒットしなかったという。

「Aちゃんが住んでもらいたくなくて、拒んでいるのかもしれませんね」

と、普段はポーカーフェイスのPさんが、珍しく苦い表情を浮かべながら言った。

実は、Pさんが会社を辞めてこの店を開業してから、Xが何度か来店したことがある。住所を教えていなかったのに、どこからか聞き出してきたようだ。Xはこの店に来ると、必ず千葉県産の日本酒ばかりを飲む。他の都道府県産の酒は絶対に飲まない。Aちゃんが千葉県出身だから、ということらしい。

「お客なので、仕方ないんですけどね。もう個人的な付き合いはしていません」

この日、Pさんが語ってくれた話はここまでであった。


さて、これは後日、私がまたPさん夫妻の居酒屋へ飲みに行ったときのこと。

「あれから、また来たんですよ、Xが……」

Pさんがわずかに眉を顰めながら語ってくれた。

これより半月ほど前の夕方、まだ客が少ない時間帯にPさんと奥さんがカウンターの内側で酒の用意や酒肴を作っていたところ、店のドアが開いて一人の女性が入ってきた。痩せ型で中背、小麦色の肌、ぱっちりとした二重瞼の目——それはまちがいなく、Aちゃんであった。

「P、さん……」

Aちゃんは苦悶の表情を浮かべていた。こちらに少しずつ手を伸ばしてくる。まるで助けを求めているかのような仕草であった。

「A……ちゃん……？」

Aちゃんはかつて会社でよく目にしたスーツ姿ではなく、登山服姿でもなく、白装束の着物を着ていた。Pさんの声に気づいて、奥さんも振り返り、Aちゃんの姿を認めた。A

ちゃんと会ったことはなかったが、白装束の女性が入ってきたので驚駭《きょうがい》したという。

Aちゃんはカウンターよりも少し手前で立ち止まって、懸命に震える片手を伸ばしてきた。Pさんは思わず助けようとして手を差し出したが、次の瞬間、彼女の姿が消えた。

そして、そこにはXが立っていた。

「何だよ？　久しぶりに来たから、驚いたのかい？」

Xは覇気のない声でそう言うと、死神のような冷笑を浮かべた。

それから二時間ほど、Xは黙って千葉県産の日本酒ばかりを飲んで帰っていったが、Pさんには彼の姿がAちゃんに見えることは、二度となかった。

豪雪地帯の町で

群馬県出身のUさんは、御主人のOさんの転勤で東北地方の某市へ引っ越すことになった。だが、Oさんの職場近くにある社宅は老朽化が進んでいて、住みたい気分になれなかった。他の市にも社宅はあるが、通勤にかなりの時間を必要とする。結局、不動産会社に相談して仲介された世帯用アパートに住むことになった。

そのアパートは小綺麗な二階建てで、四部屋から成っていた。Oさん一家が入居したのは二階の部屋で日当たりが良い。都市部だけに通勤通学や買い物に便利で、近くに山や海もある。初めは良い場所に住めた、と思ったが、冬が訪れると環境が一変した。

この地域は十二月から四月までは豪雪地帯となる。アパート前の道路を除雪車が往復するのだが、その度に震度三ほどの揺れが襲ってくる。それを毎日体験するうちに、Uさんは除雪車が来ていないときも部屋が揺れている気がするようになった。

一年目はまだ良かったが、二年目は重症だったという。

一月の夕方、リビングキッチンで調理をしていたUさんは、不意に後ろから軽く肩を叩かれた気がした。振り返ると、誰もいない。

翌日には、家族がいないときに静まり返った部屋の隅のほうから、ふうっ、と溜め息を吐《つ》くような音が聞こえた。それ以来、何となく、いつも何者かに見張られているような気がする。

（不慣れな土地だから、疲れているんだろうな）

当初、Ｕさんは気のせいだと考えていた。しかし、中学二年生の娘は何ともなかったが、小学六年生の息子の行動に異変が現れた。お年玉で和製ホラー映画のＤＶＤを買うと、リビングキッチンにあるテレビで毎日観るようになった。同じ場面、とくに人が死ぬ場面を飽きもせずに何度も観ている。家にいて寝ている時間以外は、ずっと観ようとする。

「観たい番組があるんだけど……」

娘がそう言えば、

「うるせえ！」

と、怒鳴り返す。

食事中も観るのをやめようとしないので、Ｕさんが叱ると、息子は皿を投げつけてきた。

夜遅くなって帰宅した御主人のＯさんに事情を話して叱ってもらうと、息子は「わかったよ。ごめんなさい」と謝ったが、翌日学校から帰ると、また同じＤＶＤを観ている。

「食事中は見ちゃ駄目よ。お姉ちゃんとも喧嘩しないでね」

Uさんが注意をした途端、息子はキッチンへ突進し、包丁を持ち出してきた。

「うるせえことばっか抜かすと、ぶっ殺すぞ！　ババア！」

当時のUさんは三十八歳であった。息子からババア呼ばわりされて傷ついたが、

（この子も環境に適応できていないのかもしれないな）

元来、Uさんが生まれ育った群馬県南部は降雪が少ない。冬は寒風が吹き荒れるが、晴れて乾燥した日が多いのが特徴である。鬱陶しい豪雪地帯での生活が息子を人知れず悩ませているのではないか、それに反抗期が少し早めに訪れたのかもしれない、とUさんは考えて、しばらくは息子を叱らずに様子を見守ることにした。

ところが、今度はUさん自身の精神もかなり不安定になってきた。このアパートには和室があり、天井近くに鴨居がある。その部屋に入ると、急に頭がぼんやりとしてきて、

（ああ、私はあそこで首を吊るんだ……）

と、いつしか考えている。日が経つにつれ、その頻度が増してきた。

東北地方に遅い春が訪れ、市街地を覆った雪が融け尽くしても、思いは変わるどころか、激しくなっていた。Uさんが鴨居を見上げると、縄が垂れ下がっていることがある。もちろん、現実にはそこにないものだ。

（早くあそこで死にたい）

息子は仮病を使って学校をさぼるようになった。説得して行かせようとすると、また包丁を持ち出してきた。そのとき――。

息子の姿がUさんには別人に見えた。三十五、六歳の、眼鏡を掛けた大柄な男の姿に変わったのである。息子は眼鏡を掛けていないし、すらりと痩せていて、まだ背もさほど高くない。似ても似つかない風貌だったので、愕然とした。

「誰っ⁉　誰っ⁉」

と、思わず口走ってしまったほどだ。けれども、一瞬のちにその男の姿が消えて、息子の姿が現れた。

「お母さん、どうしたの？」

我に返ると、息子が眉を曇らせて、Uさんの顔を覗き込んでいる。息子は包丁をキッチンに戻して、おとなしくなったが、学校へは行かなかった。元々、勉強はよくできる子で、運動は得意ではないが、学校でいじめられているわけでもないらしい。

それからも息子はその日によって、やけに反抗的になったり、従順になったりした。

また、同じ頃にOさんが仕事で山奥へ出かけたところ、急に季節外れの大雪が降ってきて、車がエンストを起こした。なかなかエンジンが掛からず、助けを呼ぼうにも携帯電話が繋がらない。エンジンの様子を見ても、バッテリー液は入っているし、ファンベルトも緩んでいない。どこも悪いところはなさそうである。

雪が車を埋めようとしていた。何度もエンジンを掛けようと試みるが、一向に掛からない。厳しい寒さから、Oさんは意識が朦朧としてきた。

危ないところだったが、もう駄目か、と思ったときに、ようやくエンジンが掛かった。何とか無事に山を下りてくることができたそうだ。

「やっぱり、この家は呪われているんだわ！」

Oさんから話を聞いたUさんは半狂乱になって、泣き出してしまった。


この一件で、Oさんも気になったらしい。アパートの大家や仲介した不動産会社に問い合わせてみたが、何も教えてもらえなかった。事故物件ではない、というのである。ただし、自殺や殺人事件が発生した部屋でも、次の住人が一人もしくは一組住んでさえいれば、その次の住人からは告知義務がなくなる、ということをOさんは知っていた。

そこで近所にある地元の人間が集まりそうな小さな居酒屋を飲み歩いて、店主や他の客に「あのアパートのことを何か知りませんか？」と訊いてみることにした。Uさんがいつも不機嫌なので、自宅に居づらかったこともあったようだ。すると、三軒目の店のカウンターで、独りで飲んでいた四十がらみの小太りな男性の顔色が変わった。
「あそこにお住まいなんですか！」
「ええ。何か御存知なんですか？」
「知ってるも何も、会社の後輩が住んでいたんですよ」
Fさんと名乗った男性が、Oさんに語った話を以下に記してみたい。

Fさんは独身の会社員で、この近くの一軒家に一人で住んでいる。彼は怪談が好きで、自宅の八畳間に仲間を集めて細《さき》やかな怪談会を開くことにした。Fさんの家に七人が集まり、車座に座って、朝までに百話を語る予定であった。

職場の後輩で三十五歳のTも、一回り年下の妻、M奈と参加していた。この夫婦こそが、Oさん一家が現在住んでいるアパートの元住人である。

怖い話を聞く度にM奈は派手な悲鳴を上げたが、自らも七話を語って楽しんでいた。Tも五話を語ったものの、残念ながら半分の五十話で全員の持ちネタが尽きてしまった。とはいえ、Fさんがデジタルカメラで写真を大量に撮っていたので、それをノートパソコンに送って心霊写真があるかどうか、皆でパソコンの画面を見て検証することになった。

当然、TとM奈も何枚か写っている。Tは無表情だが、M奈は目を見開いたり、逆に目を瞑《つむ》って口を大きく開けたりと、実に表情が豊かであった。

「ヤダア！　こんなの恥ずかしいよう！」

M奈が無邪気に声を立てて笑い、それを見たTやFさんたちも笑う。

このとき、心霊写真らしきものは一枚も見当たらなかったが、後日、Fさんは記念品のつもりで、Tのパソコン宛てに二人が写っている写真をメールで送ってやった。


さて、ここからはのちにFさんがTから聞いた話になる。

Fさんから送られてきた写真を見たTは、血相を変えてM奈を呼んだ。

「おい、この写真を見ろよ！」

「なあに？　大きな声を出して……」

M奈は訝しげな顔をしながらパソコンの画面を覗いたが、その途端、

「何よっ、この写真!?」

Tよりも大きな声を上げた。

送られてきた写真は五枚で、その中の一枚だけに奇妙なものが写っていた。座っているM奈の背後に白くぼやけた人影が立っている。五、六歳の子供くらいの背丈だが、怪談会に子供は来ていなかった。両手を前に出して、M奈の両目を完全に塞いでいる。子供の顔

は下のほうに黒い穴が空いていた。口を開けて「だぁれだ？」と問いかけているようだ。

「Fさんの家で見たときは、こんなもの、写っていなかったのにな……」

「気持ち悪い……。こんな写真、捨てちゃおうよ」

「いや、でもこれ、心霊写真だったら、もったいないぞ」

「嫌な予感がするのよ。お願いだから、早く捨てて！」

M奈がひどく嫌がるので、Tはやむなく写真を破棄した。

そして翌日、職場でFさんにこのことを伝えたという。

「Fさんがお持ちの写真に、変化はありませんか？」

「いいや。俺は何度も見たけど、何も写っていなかったよ」

Fさんも驚いた。彼自身、自宅でそんなものを目撃したことはない。それに、Fさんは心霊写真がないと判断したことから、怪談会の写真は参加者たちに配付したあと、すべて捨ててしまい、問題の写真も既に手元には残っていなかったのである。


それから数日後。

Tは職場の飲み会に参加した。帰りはM奈に車で迎えに来てもらうことになっていた。

予定通り彼女が到着したので助手席に乗ると、しばらくして急な下り坂に差しかかった。

加速して時速七十キロは出ていたという。M奈がブレーキを踏もうとした次の瞬間、

「あっ、あああっ！」

と、叫んだ。

M奈はカーブでまったくハンドルを切ることができなかった。車は崖のほうへ直進し、ガードレールを突き破った。斜面を滑りながら、真っ暗な闇の中を崖下へと落下してゆく。途中で大きな岩や木にぶち当たって止まったが、その衝撃でフロントガラスが割れた。

M奈がひと際大きな悲鳴を上げる——。

細かいガラスの破片が、両目に突き刺さったのだ。

Tは、半狂乱になって泣き喚くM奈を抱え、どうにか車から脱出した。彼も全身を打撲していたが、死に物狂いで真っ暗な斜面を攀《よ》じ登り、携帯電話で救助を呼んだ。それから崖下に目をやると、暗闇の中、車の横に白く光る小柄な人影が立っているのが見えた。五、六歳の男児のようだが、その顔立ちや表情までは確認することができなかった。

「誰だっ!?　そこで何をしているっ!?」

大声で訊ねたが、相手は黙っていて、じきに姿を消してしまったという。

救急車で病院へ運ばれたM奈は手術を受けたが、両目は治らずに失明してしまった。

事故を起こした原因について、彼女は泣きながらこう語った。

「あたしじゃない！　あたしが悪いんじゃないわ！　あのとき、何気なくバックミラーを見たら、後ろの席に子供の姿が映ったの！　あっ、と思った途端にそれが両手を伸ばしてきて、あたしの両目を塞いで、運転ができないようにさせたのよっ！」

その後、視力を失ったM奈は情緒不安定の状態が続いて、Tを悩ませるようになった。お互いに何とかしようと努力したが、毎日諍《いさか》いが絶えなくなった。

「私には、もう、未来がない……」

M奈は将来を悲観して、度々そう口走るようになり、Tが仕事で外出している間に、アパートの鴨居に縄を掛けて首を吊った。両目を失明した状態で鴨居に縄を掛けるのは至難の業《わざ》であり、殺人事件の可能性も疑われたが、部屋が密室状態だったことや直前に暴行を受けた形跡がないことなどから、警察は自死と判断を下している。


話は再びFさんの証言に戻る。

愛妻を失ったTは、心が荒んだようで、Fさんのことを憎むようになった。

「あんな写真を送ってきたから、こんなことになったんですよっ！」

Fさんのみならず、Tは職場で頻繁に口論をするようになり、上司とも喧嘩になった。

その際に相手を殴り倒した上、鞄に隠し持っていた包丁を手にして、

「あんたのことが前から嫌いだったんだよっ！　今日という今日は、ぶっ殺すぞっ！」

と、脅したことから社内は騒然となった。

周りにいた社員たちが何とか宥《なだ》めて、その場はやっと治まったが、上司は負傷していた。

Tはすぐに会社を解雇されている。

のちにTは他の職にも就いたが、長続きしなかったらしい。M奈の死後も、どういうわけか例のアパート――家賃が高い世帯用のアパート――に住み続けていた。時折姿を見かけることはあったが、声をかけても以前のように打ち解けて話すことはなかった。

やがてTは、M奈と同じ鴨居に縄を掛け、縊死《いし》を遂げた。首を吊る直前に死ぬことを身内に伝えていたようで、パトカーが何台も駆けつけ、近隣は大騒ぎになった。夜間のことで、Fさんもパトカーを目にして、Tが死亡したことを知ったという。


Oさんは妻のUさんに、Fさんから聞いてきた話をすべて語った。だが、Uさんにとってはこの部屋の曰く因縁がわかったところで、何の救いにもならなかった。既にUさんの精神は限界に達していた。

「もうこんな部屋になんか、一日だっていたくないよ！　そんなことがあったのかと思う

と、気持ち悪くて我慢できない！」

「じゃあ、どこか他の借家を探そう」

と、Oさんは提案したが、Uさんは耐えられなかった。

「このアパートだけじゃない！　この町が、この土地が嫌なのよっ！」

「馬鹿を言うな！　僕は仕事を辞めるわけにはいかない！　何でわかってくれないんだ！」

大喧嘩になってしまった。どちらも気が立って、昂《たかぶ》る感情を抑えられない。珍しく、温厚なOさんが皿を床に叩きつけて割り、Uさんは浴室に逃げ込んで鍵を掛けた。

Uさんは翌日、Oさんをアパートに残し、息子と娘を連れて群馬県の実家へ帰った。途端に息子は別人のようにおとなしくなり、暴れることはなくなった。Uさんも死にたいと思わなくなったが、あのまま住み続けていたら一家心中を遂げていた気がする、という。

Oさんもアパートを出て、通勤が大変とはいえ、別の市にある社員寮へ引っ越した。その後、転勤希望を提出して、東京都内の本社に戻ってきた。現在、Oさん夫妻は東京都と群馬県にそれぞれの住まいを持ち、往復する二重生活を送っている。

ついでに記しておくと、この話を私、戸神がOさん夫妻から聞いたのは、「夏の涼風」の舞台となったPさんの居酒屋であった。

水門近くの家

二〇〇七年、九州地方の郊外に住む女性Bさんは鬱病を患った。彼女の嫁ぎ先は広大な畑を所有する昔気質《むかしかたぎ》の農家で、同居していた舅や姑には病気について理解してもらえないまま、三年が過ぎた。

二〇一〇年、一時的に舅や姑と別居することになり、御主人のKさんが知人を通じて見つけてきた二階建ての一軒家を借りることになった。かつて食堂だった建物を改築した古い家で、家賃は二万円と、格安であった。

間取りは二階にキッチンがあり、居間と寝室がある。一階は風呂、トイレと四畳半の部屋が三室、八畳のフローリングの部屋が一室あった。フローリングの部屋を小学生の娘二人の勉強部屋にした。二階の寝室は二部屋に分かれており、間に柱があるのだが、そこに御札らしきものが貼ってあった。キッチンにも御札が三枚貼ってある。古いもので、何が描かれているのかわからず、文字も解読できなかった。

（何だか気持ち悪いな）

Bさんは他にも寝室の押し入れが気になった。開けるのが怖かったが、思い切って襖を開けてみると――。

中から球形をした、人間の頭部ほどの大きさの白い光が漏れ出してきた。押し入れなので内部に光を発するものは何もない。日光が差し込んでいたわけでもなかった。それはすぐに消えたが、まるで封印されていた何かが解かれて飛び出してきたかのようで、Bさんは思わず飛び退いたという。

最初から嫌な気分になった。とはいえ、他にこれ以上の格安物件は見つかりそうになかったし、鬱病のせいで謎の光が見えたような気がしただけかもしれない、と考えた。このときは他に変わったことは何も起こらなかった。

しばらく住んでいると、ある日の真夜中、二階にある子供たちの寝室から、ドスン!!と、相当大きなものが床に落ちたらしい音がした。隣の寝室でまだ眠らずにいたBさんと御主人のKさんは同時に飛び起きた。

「何だ、今の音は!?」

「わからないけど、あの子たち、大丈夫かしら？」

襖を開けて二人で子供たちの寝室へ踏み込んだが、何も落ちてはいなかった。子供たちも眠っている。物音の原因はわからず仕舞いとなった。

翌日、気になったBさんは、この家の周辺を調べてみた。裏手にはぽつんと無縁仏が残された土地がある。その向こうに小道を挟んで墓地が広がっていた。

また、家の正面を通る道を挟んで、大きな農業用水路が流れており、近くに巨大な水門がある。この用水路は遠い昔、ある男性を人柱にして、やっとできあがったことが語り伝えられている。地元では、昔から事故死や自殺が多い場所として知られていた。

その年の夏。中年の女性が流されてきて、大騒ぎになった。近所に住む男性が磯ダモ(磯釣りで使われる丈夫で柄の長い網)を使い、水門に引っ掛かった女性を手繰り寄せて引き揚げたが、既に死亡していた。五十代の女性で、入水自殺とされている。

当時、Bさんはずっと家にいたが、Kさんは仕事へ、子供たちは学校へ行ってしまう。昼間は独りきりで過ごすことが多く、寂しくて堪らない毎日が続いていた。そこで鳥小屋を室内に設置し、文鳥二羽、セキセイインコ四羽を飼って世話を始めた。

冬になると、家の前の用水路に車が転落した。橋の上から水中に突っ込んだのだ。運転手は車から逃げ出したのか、あるいは流されたのか、引き揚げられた車の中に遺体はなかった。運転手は失踪したままで、事故か自殺かわからず、生死も定かでない。

やがて休日に、BさんはKさんと買い物に出かけた。二人の娘のうち、次女は友達の家へ遊びに行き、長女が一人、家に残っていた。Bさん夫妻が夕方近くになって買い物から帰ってくると、長女が青ざめた顔をして玄関まで飛び出してきた。

「階段を誰かが上ったり下りたりしてるよっ！」

二階へ通じる階段から、びちゃっ、びちゃっ……という足音がひっきりなしに聞こえてくるという。階段を見ても、誰もいなかったが、バケツで水をぶち撒けたかのように水浸しになっていた。

その夜、Bさんがトイレに入って出ようとすると、ドアノブは回るものの、ドアが重くて動かない。外から押されているかのようであった。

「誰か押してるの!?」

声をかけたが、返事はなかった。何度か声をかけてからドアを押すと、今度はいきなり開いた。前のめりに転びそうになる。トイレの前の廊下には誰もいなかった。ただし、床には水溜まりができていた。

そんなことが数日おきに何度も起こる。

また、夜間に家が揺れるほどの家鳴りがすることもあった。

同じ頃からBさんは、Kさんと不仲になり始めた。些細なことで口喧嘩をしてしまう。

Bさんは精神科の病院へ通っていたが、自力で車を運転して病院まで通うのは難しかった。そのうちに睡眠剤や抗鬱薬、安定剤が切れてしまい、Kさんに「病院へ連れてって」と頼んだが、「今は仕事が忙しいから無理だ」と断られた。おかげで一週間も眠れず、鬱状態がひどくなってきた。渋るKさんに泣きながら頼み、やっと病院へ連れていってもらうことができた。

だが、次第にBさんは寝室ではなく、居間の炬燵に入って独りで眠る夜が増えた。Kさんと一緒にいるのが嫌というよりも、単独で過ごすのが当たり前のような気がしていた。あとから思うと、何かに操られ、Kさんとの仲を引き裂かれかけていた気がするという。

ある夜のことだ。居間の炬燵で眠っていたBさんは、深夜に寒気を感じて目が覚めた。炬燵に深く潜り込む。横向きに寝て、目から上だけを炬燵布団から出していると――。

ずっ……ずう……ずっ……ずう……と、畳の上を摺り足で歩く音がする。襖が開いた音がしなかったので、Kさんや娘たちではない。Bさんは恐ろしくなって身を竦め、閉じていた瞼をゆっくりと開けた。

部屋の中は真っ暗だったが、近くを動いているものが光を発していて、判然と目に映った。真冬だというのに、濡れた裸足の両足が、水を滴らせながら摺り足で歩いている。脹脛《ふくらはぎ》から下だけが見える。大きな足だ。男なのだろう。

その足はBさんの真後ろで立ち止まった。Bさんは身動き一つできず、祈るように念じ続けた。

（いなくなって！　いなくなってよ！）

三十分ほど経つと、男の気配が途絶えた。寝返りを打って背後を見れば、誰もいなかった。居間から出てゆく足音は聞こえなかったので、消えたとしか思えない。

（でも、良かった。いなくなって……）

一安心した、その直後であった。Bさんは猛烈な腹痛に襲われた。腸《はらわた》を鷲掴みにされ、掻き回されているような激痛である。堪らず炬燵から出て、トイレに駆け込んだ。洋式トイレに座って、苦痛に俯いていると、冷や汗を掻き始めた。真冬だというのに、頭や顔から噴き出した大粒の汗が足元の床へ次々に落下する。

そのとき、Bさんは目の前の壁を伝わって水滴が落ちてゆくことに気づいた。自分の汗ではない。何だろう、と項垂れていた顔を上げると――。

タイルが張られた壁から、びしょ濡れになった女の上半身が浮かび上がっていた。真っ青な醜い顔をした中年の女が、どんよりとした目で、こちらを見下ろしている――。

心臓が止まらんばかりに驚いたBさんは悲鳴を上げ、そのまま失神してしまった。

Bさんは五分ほどで気がついたが、腰を抜かしていて、自力で立ち上がることができなかった。Kさんを大声で何度も呼び続けると、起き出してきて助けてくれた。しかし、身体が冷え切っていて、風邪を引いて寝込むことになった。男の足や上半身だけの女が現れたのはこのときだけだったが、トイレで昏倒することは、それから三回経験したという。

春が訪れると、Kさんとの不仲が治まって、また同じ寝室で眠るようになった。

初夏の深夜。Bさんはどういうわけか、なかなか眠れずにいた。すると、居間のほうから何やら物音が聞こえてくる。鳥の鳴き声と羽ばたく音だ。かなり騒いでいる。

「ねえ、Kさん。起きてる?」

「ああ……。何事かな?」

二人で居間へ行ってみると、真っ暗な部屋の中をBさんが飼っている小鳥たちが飛び回っていた。電灯を点けたところ、二羽の文鳥と四羽のセキセイインコがすべて鳥小屋から脱走して、気が狂ったように飛び回っては、壁にぶつかっていた。何かに怯えているように見える。もちろん、鳥たちが自力で鳥小屋の扉を開けることはできない。

Bさんは息を呑むばかりであった。Kさんも表情が強張っている。二人して無言で鳥たちを全羽捕まえ、小屋に戻した。

(まさか、娘たちがいたずらを?)

Bさんは念のために娘たちの寝室を覗いてみたが、二人とも熟睡して寝息を立てている。

すぐさま疑ったことを恥じて、心の中で謝ったそうだ。

この家に住み始めて二年が経った頃、Bさんは急に、下血をするようになった。それが五日間続いて寝込んでしまった。Kさんに車で病院まで運んでもらうと、緊急入院することになった。下血は一週間で治まり、退院できたが、原因は不明のままだったという。

家に戻ってから、Bさんが以前に働いていた歯科医院の先輩に当たる女性二人が、心配して見舞いに来てくれた。家に上がってもらいたかったが、まだゆっくり話す活気がなかったことから、玄関で立ち話をした。二人は土産を置いて、十分ほどで帰っていった。

この頃、娘たちは中学生になっていた。Bさんの鬱病はまだ完治していなかったが、娘たちが今後、高校や大学へ進学することを考えると、金銭面で生活が困難になるだろう、という話になった。そこでまたKさんの実家へ戻り、舅や姑との同居生活を選択することになったそうである。

歯科医院の先輩たちに電話で転居を報告すると、先輩の片割れが明るい声で言った。

「良かったね、あの家を出られて！　あそこにずっと住み続けていたら、Bちゃん、きっと殺されていたよ！」

実は、二人の先輩はどちらも〈見える人、聞こえる人〉なのだ。

「あの家、絶対に何かいるよ。私、お見舞いに行ったとき、玄関で話していただけなのに、途中から物凄く気持ちが悪くなって、もう少しで吐きそうだったんだよ」

もう一人の先輩は、Bさんの家を出たあと、用水路に嘔吐してしまったという。

同じ年の秋、この用水路沿いに柿の木が一本生えているのだが、近所に住む老人が、木に登って実を採っていたときに枝が折れて用水路に転落し、溺死する騒ぎがあった。老人の遺骨は、あの家の裏手にある墓地に葬られた。


現在、Bさんは鬱病も回復しつつあり、Kさんやその両親と農業に従事している。

今になって考えてみると、あの家は家賃が極めて安かったが、Bさん一家の前に借りていた人々にも災いがあったのだろう、だから御札が貼られていたのだろう、と思っているそうだ。しかも、二階へ通じる階段は、縁起が悪いとされる十三段であった。

転居する際にKさんは、家主に挨拶をしに行った。その際に家主が、

「あの家はもう駄目だ。誰にも貸せない」

と、話していたが、過去に何があったのかは教えてくれなかったらしい。

毒ノ華

「霧の中、他」「山手線の朝」に登場した女性Yさんは、長年にわたって経理事務の仕事をしてきて、担当の税理士たちと仲が良かった。彼女が二十八歳の頃、事務所の担当にR氏という税理士が就いた。三十五歳の男性で、双方の事務所が近くにあり、馬が合った。Yさんは仕事の交流のみならず、一緒に昼食を食べたり、R氏が退社後によく行くパチンコ屋を覗きに行ったりしていた。パチンコ屋で声をかけると、彼は相好を崩して、

「何でも欲しい物を取ってあげるよ！」

と、縫いぐるみやCDなどの景品を取ってくれた。

R氏は背が低めで、容姿も取り分け優れているわけではなかったが、天才的に仕事ができる上に気さくで話が面白く、誰にでも優しかった。当時、Yさんには既に彼氏がいたので、恋愛関係になることはなかったものの、兄のような存在と思い、尊敬していたという。

R氏は独身なので、職場の同僚や担当先の女性たちから一方的に愛されていた。いずれも独身の美女ばかりだったが、R氏はなぜか女性に興味を示さず、恋人もいなかった。

（Rさんって、もしかして……同性愛者？）

Yさんは密《ひそ》かにそう思っていた。

あるとき、Yさんは当時付き合っていた彼氏と大喧嘩をした。これからどうしたら良いのか困って、R氏と居酒屋へ行き、酒を飲みながら相談をしたという。その流れで、ついでに訊いてみたそうだ。

「Rさんって、結婚願望とか、ないんですか?」

「実を言うとね、僕はもう、結婚しているんだよ」

「ええっ?」

「いや、これには複雑なわけがあってね……」


現在、R氏は女性に見向きもしないが、高校生の頃には熱烈に愛し合った彼女がいた。彼女のA子は黒魔術を崇拝しており、牛革に描かれた〈魔法円〉を宝として大切にしていた。円の中に六芒星《ろくぼうせい》を描いた、西洋魔術で悪魔除けとして用いられてきたものだ。〈魔法陣〉と呼ばれることもあるが、それは正確には日本におけるホラーやファンタジーの漫画やアニメで創作されたものである。

さて、未熟な男女の恋愛ではありがちなことで、じきにA子はR氏の子供を妊娠してしまった。高校生なので、初めは互いの両親に話すこともできなかった。しかし、病院で中絶手術を受けるには、両親の許可を得ることが望ましい。結局、両親に告げて学校には内緒で手術を受けたそうだ。

だが、自分とR氏の子供を殺したことを後悔したのか、A子は鬱病になってしまった。学校を休み続けるようになり、自室で農薬を飲んで服毒自殺を遂げたそうである。すぐには死に切れず、長時間にわたってひどく苦しんだ最期だったらしい。

R氏は大きな衝撃を受けて落胆し、A子が大切にしていた魔法円を形見としてもらい受けた。それから五年間、R氏は彼女のことが忘れられず、恋愛をすることなく、孤独な日々を過ごした。ずっと魔法円を自室の棚の上に飾って、大切にしていたという。

だが、R氏が大学を卒業して一人暮らしを始めると、心を奪われる美しい女性B子が現れた。女性にもてるR氏のこと、じきに相愛となり、交際を始めた。R氏はアパートにB子を招いた。彼女は何度かアパートに泊まっていったのだが、やがて、

「あの部屋にいると、何だかいつも落ち着かないのよ」

と、部屋に来るのを嫌がるようになった。

ほどなくB子は職場で急に倒れた。蜘蛛膜下出血で、昏睡状態が何日か続き、そのまま目を覚ますことなく、死亡してしまったそうである。

その後、Ｒ氏は三人の女性と付き合った。

次の彼女、Ｃ子も同じアパートに招いたという。

真夜中、二人がベッドで抱き合っていると、背後の暗闇から衣擦れの音や、何者かが、はあっ、と吐息を漏らすような音が聞こえて、見下ろされているような気がした。Ｒ氏は跳ね起きて電灯を点けたが、室内には彼らの他に誰もいなかった。

以後もＣ子がアパートへ来る度に同じことが起きた。女が鼻で笑うような音が聞こえ、そちらを見ると、白い人影らしきものが窓辺に立っていて、すぐに消える。Ｃ子もそれに気づいて、「今の、何？」と怖がり始めた。

「あたし、ここじゃあ寝られないわ。今日は帰る……」

「こんな時間からかい？　物騒だから、今夜は泊まっていったほうがいいよ」

「嫌だよ！　絶対にタクシーで帰る！」

普段はおとなしいＣ子が、この夜ばかりは帰ると言い張って聞かないので、駅前まで送ってゆき、金を渡してタクシーに乗せてやった。

けれども、それから彼女はＲ氏のアパートへ来るのを嫌がるようになった。やがて「具合が悪いの」と言って会おうとしなくなり、突然、自宅のマンションから飛び降りて即死してしまった。遺書がなかったことから、事件の可能性も疑われたが、警察が調べても自宅に何者かが侵入した形跡はなく、事故か自殺のどちらかであろう、ということまでしかわからなかった。

C子が死んでから、R氏は嫌な思い出があるアパートを引き払い、マンションに引っ越した。しかし、次の彼女であるD子もそこに招くようになると、半年と経たないうちに自宅で首を吊って自殺している。

R氏は嫌な予感がしたので、次の彼女、E子は自宅に招かないようにした。E子は料理を作るのが好きで家庭的な優しい女性だったことから、R氏はとくに惚れ込んで、結婚を前提に付き合うことにした。

ところが、E子は付き合い始めてから半年後にいきなり、自宅で割腹自殺を遂げてしまった。下着姿になって牛刀包丁を使い、腹を十文字に切り裂いたあと、喉を突いたのだ。家族が発見したときには、部屋中が血の海になっていたという。

E子の凄惨を極めた最期は狂気を感じさせ、これまでの恋人たちの死以上に、R氏に激しい衝撃を与えた。このときになって、彼はようやく思い至った。

恋人たちと会っていたとき、決まってふいと脳裏に浮かぶ光景があったのだ。それは高校時代に付き合っていた最初の彼女、A子が大切にしていた魔方円であった。牛革に描かれた魔法円は少しの間、脳裏に浮かんでじきに消えるので、あまり気にしていなかったのだが、そのあとに女の吐息や鼻で笑うような声が聞こえたり、恋人たちが「この家にいると落ち着かない」と言い出したりしたのである。

そして自宅に限らず、ホテルで女性とベッドにいるときも、誰かに見られているような気がすることが多かった。魔方円が、R氏と女性たちを常に監視していたのである。

「じゃあ、その、魔方円に最初の彼女の魂がとり憑いていた、っていうことですか」

「うん。僕のことを他の女性に渡すまいと、五人を呪い殺していったんだろうね」

R氏はいつになく沈痛な面持ちで語り続けた。もちろん、年下の女性であるYさんに対して、すべてこの通りに語ったわけではないのだが……。

「A子のことは、一生忘れないよ。本当に愛していたし、大事な思い出には違いない。だけど、人間って、時間の流れとともに忘れなければいけないこともある。というか、そうしないと、前に進めないときもあるよね」

R氏にとっては苦渋の選択ではあったが、魔法円を処分する決意をした。捨ててしまうのはあまりにも辛かったので、他の誰かに大切にしてもらいたい、と考え、骨董品店に持ち込んだのだ。その結果、すぐに買い手がついた。

だが、購入した新しい持ち主は男性で、彼に関係した女性が次々に亡くなったらしい。その持ち主が事情を説明して、骨董品店に「返金はしてくれなくていいから」と強引に返品してきたそうだ。閉口した骨董品店の店主がR氏に連絡してきた。

「幾らでも出しますから。とにかくあれを引き取っていただきたいんですよ」

店主の身の回りでも何らかの凶事があったようで、怯えている様子だったらしい。

魔方円は再びR氏の元へ戻ってきた。

思えば、A子は服毒自殺を遂げたのだ。円の中に描かれた六芒星が、今のR氏が見ると、花びらのように一辺ずつが盛り上がり、猛毒を持って咲く漆黒の花、〈毒ノ華〉に思えた。

「……もう、誰も死なせたくないんだよ。……僕が誰とも付き合わず、結婚もしない本当のわけは、魔方円、つまりA子と、既に結婚していたから、なんだよね……」

R氏は語り終えると、寂しそうに俯いて唇を噛んだ。

Yさんは、魔法円という〈毒ノ華〉と、今も同じ部屋で暮らしているR氏が、にわかに心胆を凍りつかせる存在に思えてきたという。

それからは徐々に疎遠になってゆき、他の経理事務所へ転職すると、連絡を取り合うこともなくなった。R氏が今、どこでどうしているのかは、知らないそうである。

あとがき

怪談ファンの皆様、こんにちは。〈北関東の怪物〉、戸神重明です。

今年は春からコロナウイルス騒動により、主催イベント「高崎怪談会」を休止していましたが、十一月二十一日（土）に「ちょっと帰ってきた　高崎怪談会」と銘打って再開させることを決意しました。会場はお馴染みの少林山達磨寺大講堂になります。窓を開け放って風通しを良くしたいので、昼間の開催になりそうです。

この原稿を書いている九月末の段階では、詳細が決まっていないため、興味をお持ちの方は、「戸神重明」か「高崎怪談会」でWEB検索をしてみて下さい。ツイッターやブログで情報を発信します。観覧者を募集するのと同時に、ネット配信も行いたいと思っています。衛生面にはこれでもか！　とばかりに気を配り、感染者を一人も出さない、エンターテイメントとして怖くて楽しいイベントに必ずします！

近い将来、プロの怪談作家や怪談師の方々を大勢、高崎に呼びたいと思いますし、私も東京や遠く離れた地方へ遠征します。これまでとは運営のやり方も変えてゆきます。

おそらく、スタッフの人数が必要になるため、やる気のある方々を全国から募集したいと思っています。そちらの詳細もいずれ、WEBにて。

また、YouTubeで「戸神重明」チャンネルを始めました。月に何度かライブ配信を行っています。「配信版　高崎怪談会1　東国百鬼譚」のアーカイブや、それを編集した「同完全保存版」、昆虫の怪談のみを私が一人で三時間近く語り続けた「配信版　怪談昆虫記」も無料で御覧いただけます。これらも検索の上、ぜひチャンネル登録をして下さい！

この先もしばらくは厳しい状況が続くことが予想されますが、怪談ファンの皆様には、コロナウイルスも含めたあらゆる困難を〈迎え撃つ〉、何が何でも〈勝って生き残る〉、という強い心を持ち続けていただきたいと思っています。私もどんなに悪い状況になっても諦めないし、絶対に負けません。

四月に出版した拙著『群馬百物語　怪談かるた』のときもそうでしたが、このような状況下にも拘らず、本書を手に取り、最後までお読み下さった読者の皆様、そしていつもお世話になっている竹書房関係者の皆様、本当にどうもありがとうございました!!

必ずや、次の単著でお会いしましょう。

それでは、魔多《また》の鬼界《きかい》に！

二〇二〇年　秋、風の東国にて

怪談標本箱 毒ノ華

2020年 11月5日　初版第1刷発行

著者　戸神重明
カバー　橋元浩明（sowhat.Inc）
発行人　後藤明信
発行所　株式会社　竹書房
〒102-0072　東京都千代田区飯田橋 2-7-3
電話 03-3264-1576（代表）
電話 03-3234-6208（編集）
http://www.takeshobo.co.jp
印刷所　中央精版印刷株式会社

ISBN978-4-8019-2434-5 C0193